NICOLE ZEPTER

WER LACHT NOCH ÜBER ZONEN-GABY?

Ein Vorschlag zur Versöhnung

TROPEN SACHBUCH

Tropen
www.tropen.de
© 2022 by J.G. Cotta'sche Buchhandlung Nachfolger GmbH,
gegr. 1659, Stuttgart
Alle Rechte vorbehalten
Cover: Zero-Media.net
unter Verwendung eines Bildes von © Zonen-Gaby (Titel) –
Titanic-Magazin 11/1989. Berlin, Titanic-Verlag
Gesetzt von Dörlemann Satz, Lemförde
Gedruckt und gebunden von CPI – Clausen & Bosse, Leck
ISBN 978-3-608-50506-1
E-Book ISBN 978-3-608-11947-3

Bibliografische Information der Deutschen Nationalbibliothek
Die Deutsche Nationalbibliothek verzeichnet diese
Publikation in der Deutschen Nationalbibliografie;
detaillierte bibliografische Daten sind im Internet über
http://dnb.d-nb.de abrufbar.

Für Jan

Inhalt

»There is power in identity.«
Bryan Stevenson

1989

Am Tag der Maueröffnung stehen meine Eltern bei den Nachbarn vor der Tür. Eine westdeutsche Kleinstadt, es ist bereits Abend. Sie haben die Nachrichten gesehen und sind aufgeregt. Verwirrt. Auch die Nachbarin ringt nach Worten. »Ist das ein Film?«, fragt sie. »Oder ist das wahr?«

Wenige Stunden zuvor hat der italienische Journalist Riccardo Ehrman auf einer Pressekonferenz im Internationalen Pressezentrum in Berlin dem Politbüro-Mitglied Günter Schabowski die Frage gestellt, ob dieser Reisegesetzesentwurf nicht ein großer Fehler sei, den er vor einigen Tagen vorgestellt hatte. Schabowski, in grauem Anzug, nimmt seine Brille ab, und sagt: »Es ist heute, soviel ich weiß, eine Entscheidung getroffen worden. Es ist eine Empfehlung des Politbüros aufgegriffen worden, dass man aus dem Entwurf des Reisegesetzes den Passus herausnimmt und in Kraft treten lässt, der ständige – wie man so schön sagt oder unschön sagt – die ständige Ausreise regelt. Also das Verlassen der Republik.« Er wirkt gelassen, blickt sich nach rechts und links um. Gemurmel und Unruhe im Saal unter den Journalist:innen. »Ab wann?«, rufen einige Journalisten. »Ab wann?« Der *Bild*-Korrespondent Peter Brinkmann ruft: »Ab sofort?« Schabowski nimmt einen Zettel, setzt seine Brille wieder auf und murmelt: »Also Genosse, mir ist das heute mitgeteilt worden, dass eine solche Mitteilung heute schon verbreitet worden ist. Sie müsste eigentlich in Ihrem Besitz sein.« Er blickt in die Reihe der Journalist:innen. Dann liest er von dem Zettel ab, der vor ihm liegt: »Privatreisen nach dem Ausland können ohne Vorliegen von Voraussetzungen (Reiseanlässe und Verwandtschaftsverhältnisse) beantragt werden. Die Genehmigungen werden kurzfristig erteilt. Die zuständigen Abteilungen Pass- und Meldewesen der Volkspolizeikreisämter in der DDR sind angewiesen, Visa zur ständigen Ausreise unverzüglich zu erteilen, ohne dass dafür noch geltende Voraussetzungen für eine ständige Ausreise vorliegen müssen. [...] Ständige Ausreisen können über alle Grenzübergangsstellen der DDR zur BRD erfolgen.« Aus dem Saal kommt die Nachfrage des Journalisten Ralph Niemeyer: »Wann tritt das in Kraft?« Schabowski blickt auf den Zettel: »Das tritt nach meiner Kenntnis ... ist das sofort, unverzüglich.«

Zehn Tage zuvor erreicht Jessica Barthels Vater Oberbayern, am Ende einer vierundzwanzigstündigen

Flucht. Mit seiner Familie war er von Leipzig aus über die Tschechoslowakei, Ungarn und Österreich gekommen, in seinem Trabi, nur mit einer DDR-Landkarte ausgestattet. In Österreich hat er eine Telefonzelle gefunden und diese eine Nummer in der Hand gehalten. Die seiner Großmutter. Doch die Nummer war unvollständig, bestand aus vier Ziffern, ohne Vorwahl. Als er sie wählte, antwortete niemand. Einen ganzen Sommer plante er seine Flucht. Und jetzt ist die Mauer einfach offen.

Jessica Barthel ist noch ein Kind, als all das passiert. Fünf Jahre alt. Später wird sie als Fotografin eine Website über das Alltagsleben in der DDR ins Leben rufen, mit dem Ziel, die Klischees über die DDR durch neue Bilder zu ersetzen. Sie erinnert sich: Ihr Vater musste kein Geld tauschen, er hatte seine Arbeit nicht verloren – all diese Dinge, die man sich erzählte, die gab es nicht. Er war ja schon im Westen, wenn auch nur für ein paar Tage. Für Barthel ist die Geschichte des Mauerfalls nicht so, wie sie es immer im Fernsehen erzählen. Dort war es stets eine Geschichte, die in Berlin spielte oder in den Grenzstädten. Dieses Gefühl von: Jetzt kann ich meinem Nachbarn die Hand geben, ich habe den Fernseher angemacht und vor Freude geweint. Für sie fühlte sich alles eher nüchtern an. Wie bei Herrn Lehmann, aus dem Film, der den Mauerfall verschlafen hat. Man war überrascht. Ein Satz wurde gesagt, die Mauer geöffnet. Niemand wusste, wie es weitergeht. Für Barthels Tante, die wusste, dass Menschen an der Grenze erschossen wurden, war es der schlimmste Moment in der DDR: Überall war die Volkspolizei, die Armee lief durch die Straßen. Sie hatte eine solche Angst. Sie dachte: Was passiert jetzt? Kommt ein Bürgerkrieg? Kommen die Russen rein?

Margot Honecker, »Genossin Minister«, wie sie in der Öffentlichkeit der DDR bekannt ist, ärgert sich schon Monate zuvor über die Massenflucht nach Ungarn: »Sind die Leute so blöd? Die haben doch in der Schule gelernt, was Kapitalismus bedeutet.«

Ilko-Sascha Kowalczuk, der sich in den kommenden Jahrzehnten mit der Aufarbeitung der SED-Diktatur beschäftigen und zu einer der wichtigsten Stimmen der jüngeren deutschen Einheitsgeschichte werden wird, sieht am Tag des Mauerfalls der Zukunft eher mit klarem Blick entgegen. Er ist 22 Jahre alt und hat in seinem bisherigen Leben schon genug gesehen: Die Nachbar:innen, die Lehrer:innen, die Staatsbediensteten – all diejenigen, die mitlaufen. Doch er weiß auch: Das ständige innere Rechnen, noch 53, noch 45, noch 43 Jahre, kann er jetzt aufgeben. Mit 65 Jahren war es Rentner:innen erlaubt, besuchsweise aus der DDR auszureisen.

Die Journalistin Ulrike Wolf sitzt in den Redaktionsräumen des Norddeutschen Rundfunks in Hamburg.

Sie moderiert die *Tagesthemen* und ist politische Chef-
redakteurin. Eine der wenigen Frauen in einer solchen
Position zu dieser Zeit. Und sie arbeitet an einem Film-
porträt über eine andere Frau im Chefsessel: Rita Süssmuth, die seit einem Jahr als Bundestagspräsidentin
amtiert. Doch jetzt flimmern andere Bilder über den
Monitor. Für Wolf sind sie unfassbar. Die Ereignisse
überschlagen sich. Und es stellen sich viele Fragen: Wo
steckt Rita Süssmuth? Wie gehen wir mit der Berichterstattung um? Wer fährt wohin, und wie kommt man
überhaupt dort hin? Das Berichtsgebiet des NDR ist
auf einmal Richtung Osten frei. Ulrike Wolf bekommt
Mitarbeiter:innen bewilligt. Eine Sondersendung folgt
auf die nächste. Absolutes Neuland, erinnert sie sich,
und gleichzeitig: unsere deutschen Nachbar:innen.

Paul, der sich später im Buch an seine Zeit nach dem
Mauerfall erinnert, ist 17 Jahre alt und verbringt gerade ein Auslandsjahr an der Ostküste der USA, auch
unter westdeutschen Schüler:innen ein Privileg. Es ist
früher Nachmittag, als der Schüler aus Georgsmarien-
hütte von seinem Gastvater ins Wohnzimmer gerufen
wird: »Schau mal, das wird dich interessieren, die Berliner Mauer ist gefallen.« Es klingt so lapidar. So nah
und so weit weg. Das Fernsehen zeigt Bilder von Menschen, die vor dem Brandenburger Tor auf der Mauer
sitzen. Paul ist fassungslos. Seine Gasteltern schauen
noch kurz mit und verlassen dann das Wohnzimmer.
Am nächsten Tag in der Highschool ist das Ereignis

kein Thema. Ein paar Wochen später bekommt er Post von einem Klassenkameraden aus Deutschland. Pauls Klasse war während des Mauerfalls in Berlin, im Brief sind Fotos von der Maueröffnung.

Marcus Böick, der später als Historiker zur Treuhandanstalt forschen wird, ist noch ein Kind im Jahr des Mauerfalls, sechs Jahre alt. Sein Großvater ist wenige Wochen zuvor zur Kur ins damalige Jugoslawien gereist. Als sie am 9. November endet, erwarten Böicks Mutter, seine Großmutter und er selbst die Ankunft des Großvaters am Flughafen in Ostberlin. Sie ahnen nicht, dass dieser Tag ein besonderer werden wird. Als sie den Flughafen verlassen, ist es bereits dunkel. Mit der Reichsbahn geht es zurück nach Aschersleben. Die vier wundern sich, dass niemand mehr am Bahnhof ist, alles ist wie ausgestorben. Dass die Mauer bereits geöffnet ist und viele Menschen an die Grenzübergänge gefahren sind, das erfahren sie erst später. Und dann wird das Feiern nachgeholt. Die Familie fährt mit dem sorgsam gepflegten Trabi des Großvaters nach Bad Harzburg. Es liegt große Aufregung in der Luft, ständig läuft der Fernseher oder das Telefon klingelt. Und dann, an einem Abend, sieht Böick, wie ein Bekannter der Familie am Tisch das DDR-Emblem mit Hammer und Sichel aus der Fahne schneidet. Ganz vorsichtig. Nun ist sie nur noch schwarz, rot, gold.

Wer lacht noch
über Zonen-Gaby?

Wenige Wochen vor dem Mauerfall sitzen in Frankfurt am Main die Redakteure der westdeutschen Satirezeitschrift *Titanic* zusammen und überlegen, was sie auf den Titel der Novemberausgabe setzen. In der DDR brodelt es seit Monaten: Kurz nach dem Sommer, am 4. September 1989, gehen einige hundert Menschen in Leipzig für mehr Reisefreiheit und die Abschaffung der Stasi auf die Straße. Und es werden täglich mehr. Als Ungarn in der Nacht vom 10. auf den 11. September seine Grenze öffnet, fliehen Tausende DDR-Bürger:innen nach Österreich. In der Botschaft in Prag, aber auch in Budapest und Warschau, warten die Geflüchteten auf ihre Ausreise in die Bundesrepublik. Bundesaußenminister Hans-Dietrich Genscher verhandelt seit Wochen für sie. Dann endlich verkündet er auf dem Balkon der Botschaft in Prag: »Ich bin zu Ihnen gekommen, um Ihnen mitzuteilen, dass heute Ihre Ausreise ...«, weiter kommt er nicht, sein Satz geht in Jubelschreien unter. Es ist der 30. September. Die Menschen dürfen ausreisen. Trotz des Drucks der Bevölkerung feiert die DDR-Regierung Anfang Oktober ihr vierzigjähriges Jubiläum. Es wirkt trotzig und bizarr. Während der Feierlichkeiten kommt es zu Demonstrationen, die der Staat brutal auflöst. Wenige Tage später, am 9. Oktober, versammeln sich 70 000 Demonstrant:innen in Leipzig. Diesmal wehrt sich der Staat nicht.

Das Westfernsehen zeigt die Bilder dieser Tage unentwegt. Vor allem eine Szene bleibt bei den Redakteuren hängen, die noch heute seltsam wirkt: Menschen verteilen neben Schokolade und Sekt auch Bananen an ankommende Geflüchtete. »Wir zeigen einfach eine junge Frau, die eine Banane in der Hand hält. Zonen-Gaby im Glück«, soll *Titanic*-Gründer Robert Gernhardt gesagt haben. Der Autor Bernd Eilert soll hinzugefügt haben: »Und statt einer Banane drücken wir ihr eine Gurke in die Hand.« Der Name soll von der ehemaligen Bundesvorsitzenden der PDS, Gabriele »Gabi« Zimmer, stammen. Die Redaktion sucht eine passende »Gaby« und findet sie in Worms, in der Lieblingskneipe eines Redakteurs. Gaby heißt eigentlich Dagmar und ist medizinisch-kaufmännische Angestellte. Sie hat kurzes blondes Haar, ein freundliches Gesicht. Im November 1989 wird aus ihr eine Ostdeutsche – mit Jeansjacke, die »nach DDR aussieht«, und Minidauerwelle. Und dann ist es soweit: Die *Titanic* veröffentlicht das Cover einer lächelnden Frau, sie hält eine Gurke in der Hand, vor Freude weint sie eine

Träne. »Zonen-Gaby (17) im Glück (BRD): ›Meine erste Banane‹«, steht über dem Foto. Es ist bis heute die meist verkaufte Ausgabe der *Titanic*.

Diese Satire ist mehr als dreißig Jahre nach dem Fall der Mauer nah dran am westdeutschen Selbstverständnis: Es ist westdeutscher Mainstream, über den Osten zu lachen und ihn als rückständig zu betrachten. Dass die Empathie füreinander verloren gegangen ist, spürt man auch im Privaten. Ich bin immer wieder überrascht, wie sehr das Pflegen von Vorurteilen in Gesprächen im liberal geprägten und akademisch gebildeten Freundes- und Bekanntenkreis verbreitet ist. So wird zum Beispiel über das »Gejammer der Ostdeutschen« geklagt. Eine Bekannte sagte einmal, sie habe doch nichts gegen Ostdeutsche und überhaupt, Ostdeutschland sei nie ein Thema für sie gewesen. Das trifft auf viele Westdeutsche zu. Für sie war und ist die DDR selten ein Thema – weder einzelne Lebensgeschichten noch die Erfahrungen in der Nachwendezeit. Vielleicht gab es mit etwas Glück ein wenig Ostalgie bei dem Berlinbesuch. Politiker:innen, Kolleg:innen, Freund:innen und Mitglieder der eigenen Familie werfen »den Ostdeutschen« am Abendbrottisch vor, in einer Opferrolle zu verharren oder als Wähler:innen der AfD an den rechten Rand zu rücken. Das Erstaunen über die Enttäuschung und Demokratieskepsis im Osten ist groß. 47 Prozent der Bürger:innen in Ostdeutschland fühlen sich ausschließlich als

Ostdeutsche, nur 44 Prozent als Angehörige der gesamten Nation. Unter Westdeutschen dominiert hingegen die gesamtdeutsche Identität.

Viele Westdeutsche haben ihre Vorurteile kultiviert, mit weitreichenden Folgen für Ostdeutsche. Es gibt eine deutliche Unterrepräsentanz von Ostdeutschen in führenden Ämtern, seien es CEOs in Unternehmen, Richter:innen oder Direktor:innen von öffentlichen wie privaten Institutionen. Unter den knapp zweihundert Dax-Vorständen befinden sich nur vier mit ostdeutscher Herkunft. Erst im Jahr 2019 wird erstmals eine Juristin mit ostdeutscher Biographie Richterin am Bundesverfassungsgericht. Es gibt weniger ostdeutsche Chefredakteur:innen als westdeutsche, und auch ihre Sichtbarkeit ist geringer: Der Anteil von ostdeutschen Talkshowgästen im ersten Halbjahr 2020 lag bei gerade einmal 8,3 Prozent. Ostdeutsche verdienen immer noch 16,9 Prozent weniger als Westdeutsche, was auch daran liegt, dass der Osten als unattraktiver Standort für Unternehmen gilt. Als sich im Jahr 2011 eine Ostberlinerin für einen Job als Buchhalterin in Stuttgart bewirbt, wird sie mit dem Kommentar »Ossi« am Seitenrand ihrer Bewerbung abgewiesen. Als das Kabinett der neuen Bundesregierung unter Kanzler Olaf Scholz im September 2021 verabschiedet wird, sind unter den 17 Minister:innen gerade einmal zwei Ostdeutsche: Klara Geywitz und Steffi Lemke. Eine Studie der Universität Kassel zeigt zudem, dass auch dreißig Jahre nach der Wiedervereinigung kaum Ostdeutsche in politischen Spitzenpositionen tätig sind: In der Regierungszeit Angela Merkels hat der Anteil von Staatssekretär:innen und Abteilungsleiter:innen in den Ministerien und im Kanzleramt bei rund einem Prozent gelegen. In der Amtszeit von Gerhard Schröder und auch in der ersten Amtszeit Merkels hat es gar keine Ostdeutschen in diesen Positionen gegeben. Die Studie schließt mit dem Zitat: »Man sucht aus Ostdeutschland stammende Spitzenbeamtinnen und Spitzenbeamte in der gesamtdeutschen Verwaltungselite bis heute fast vergeblich.«[1]

Nach wie vor ist die Arbeit der Treuhandanstalt, die zwischen 1990 und 1994 aus der ehemaligen sozialistischen Planwirtschaft eine soziale Marktwirtschaft erschaffen sollte, umstritten und wird in Ost- und Westdeutschland unterschiedlich bewertet. Im Osten als Symbol einer »feindlichen Übernahme«, wie eine Studie zur Wahrnehmung und Bewertung der Treuhand aus dem Jahr 2016 zeigt.[2] Im Westen als notwendige und erfolgreiche Leistung. Der Grundgedanke der Treuhand, am Runden Tisch der Übergangsregierung Modrows entstanden, war es, das Volksvermögen gerecht aufzuteilen. Diese Idee entwickelte sich zu einer einschneidenden, von der westdeutschen Regierung dominierten Privatisierung der Ostbetriebe, die den Abbau von Betrieben und massive Arbeitslosigkeit nach sich zog.

Fakten sind eindeutig, messbar und sichtbar. Aber spürbar? Dafür braucht es mehr als Verstand. Dafür braucht es Mitgefühl. Mit dem Fall der Mauer wurden Anfang der Neunzigerjahre die Unterschiede zweier deutscher Landesteile deutlich. Wirtschaft, Lebensverhältnisse, der Zustand der Städte, aber auch kulturelle Differenzen zeigten, wie weit Ost und West voneinander entfernt lagen. Doch statt im Westen mit Anteilnahme und Aufbruchstimmung zu reagieren, wurde der Blick erbarmungslos. Statt Glück und Zusammenhalt entstand auf beiden Seiten Deutschlands eine Kultur der Unzufriedenheit, der Vorurteile, der Herablassung und der Stigmatisierung.

Aus Menschen, die einer Diktatur entflohen waren, wurden Ostdeutsche. Ehemalige DDR-Fernsehstars, Schriftsteller:innen und beliebte Sportler:innen versickerten im gesamtdeutschen Gedächtnis. Welche:r Westdeutsche kennt Brigitte Reimann oder Tamara Danz? Kunstgeschichte wurde eingelagert (»Dresdner Bilderstreit«) und Geschichte abgerissen (Palast der Republik). Das Land, das sich selbst mit einer friedlichen Revolution aus der Diktatur befreite, wurde von einem Akteur zum Statisten. Die Wiedervereinigung wurde in der deutschen Erzählung zu einer Leistung der Regierung Helmut Kohls. Die Treiber:innen der demokratischen Bewegung, die Menschen auf den Montagsdemonstrationen, die nicht selten ihr Leben für die Revolution riskiert hatten, wurden im kollektiven gesamtdeutschen Gedächtnis vergessen.

Über die Zeit nach dem Mauerfall gibt es unzählige Geschichten, Bücher und Filme. Und immer wieder ist dabei die gleiche Erzählung der Ungerechtigkeit zu hören. »Ossis raus« wurde zum Schlagwort, geschrieben auf Plakate, Wände oder auf Zettel, die unter den Scheibenwischern von Ostdeutschen klemmten. Doch bis heute ist diese Diskriminierung im Westen scheinbar ohne spürbares, zumindest sicht- und hörbares Echo geblieben. So wie die Geschichte der Figur Maria aus Daniela Kriens Roman *Irgendwann werden wir uns alles erzählen*. Krien ist im Osten aufgewachsen und lebt heute in Leipzig. Liest man die Liebesgeschichte zwischen der 17-jährigen Maria und einem 40-jährigen Mann, spielt sich schnell der Hintergrund nach vorne, vor dem die Beziehung spielt: Sommer 1990 in der DDR, die Zeit zwischen Wende und Wiedervereinigung, in einem Dorf unweit der innerdeutschen Grenze. Krien beschreibt, wie Maria und ihre Familie die Wiedervereinigung erleben. Maria erzählt: »An das erste Mal [im Westen] erinnere ich mich ungern. Demütigend war das Einreihen in die Schlange für das Begrüßungsgeld gewesen, erniedrigend die Blicke eines Obst- und Gemüsehändlers, als ich ihn fragte, wie diese und jene Frucht hieße und wie man sie essen müsse. Vorher standen wir Stunden am Grenzübergang und froren; es hatte ersten Schnee gegeben – frühen Schnee –, und wir waren nicht vorbereitet auf Hunderte von Autos, die alle die Grenze passieren wollten. Wir warteten viele Stunden im eiskalten Auto, nur um uns dieses Geld zu holen und endlich den Westen leibhaftig gesehen zu haben. Ich war enttäuscht. Die Erwartung, die mein ganzes Leben lang Zeit gehabt hatte, sich aufzubauen, hielt der Wirklichkeit nicht stand. Das einzige Geschäft, das ich betrat, war dieser Obstladen, dessen Besitzer uns kalt musterte. Es war uns ins Gesicht geschrieben, woher wir kamen.«

Statt sich offen und unvoreingenommen zu begegnen, werden bis heute immer wieder die gleichen Stereotype bedient: Ostdeutsche tendieren zum Rassismus, Ostdeutsche sind undankbar, Ostdeutsche schätzen die Freiheit nicht, Ostdeutsche distanzieren sich nicht genug vom Unrechtsstaat DDR, Ostdeutsche sind provinziell, Ostdeutsche haben keinen Geschmack. Und ganz besonders: Ostdeutsche fühlen sich als Opfer. Der Begriff »Dunkeldeutschland« wurde in den westdeutschen Medien etabliert und schaffte es dank seiner häufigen Verwendung sogar auf die Nominiertenliste für das Unwort des Jahres 1994. Erst war es die fehlende Beleuchtung, dann die graue Tristesse der Städte, später der dunkle Fleck der Gesellschaft: Rassismus, Homophobie, rechte Gesinnung. Gewonnen hat übrigens das Unwort »Peanuts«. Auch der Ausdruck »Tal der Ahnungslosen« fand in den Medien weite Verbreitung: Menschen in Ostdeutschland, die in Regionen mit schlechtem Fernseh- und Rundfunkempfang lebten, sodass sie scheinbar nichts wussten und »ahnungslos« blieben.

Vielen Deutschen ist im Alltag klar, was mit Ost und West gemeint ist. Es ist ein Konstrukt, ein Framing, das viele gerne schon überwunden hätten, das sich aber verfestigt hat. Ausgesprochen wird Ostdeutsch oder Westdeutsch oft in Gegensätzen, im Anderssein, in Klischees. Was ist das für ein Land, in dem der andere Teil immer der Fremde bleibt? Der Journalist Daniel Schreiber erzählt in seinem Essay »Zuhause« von seiner Heimat Mecklenburg-Vorpommern: »Das Bild der DDR wird von Deutschen auf beiden Seiten der einstigen Grenze aus unterschiedlichen Gründen in Romanen, Fernsehserien und Gesprächen immer wieder obsessiv aufgesucht, weil ihr Verlust für viele Menschen im Osten Deutschlands schmerzhaft bleibt und auch von Menschen im Westen nicht wirklich aufgearbeitet werden kann. Bei einer konsequenten Aufarbeitung würde das Land mit zu vielen unbequemen Wahrheiten über sich selbst und seine Geschichte konfrontiert, mit Wahrheiten, die mitunter ihrer Version der Geschichte widersprechen könnten.« Wahrheiten, die selbst dann, wenn sie ausgesprochen werden, von vielen Westdeutschen bis heute nicht gehört werden wollen. Unbequeme Wahrheiten wie diese:

Die oft einschneidenden Konsequenzen des Mauerfalls im individuellen Lebenslauf erlitten ausschließlich Ostdeutsche, während im Westen das Leben, zumindest bis zu den Hartz-IV-Reformen, wie gewohnt weiterging.

Die Wiedervereinigung ist keine Leistung von Westdeutschen. Die Friedliche Revolution ist zunächst eine Leistung von Ostdeutschen, die ein großes persönliches Risiko auf sich genommen haben, um den politischen Umsturz zu schaffen.

Diese Leistung von Ostdeutschen wurde und wird bis heute von Westdeutschen oftmals nicht wertgeschätzt oder überhaupt verstanden.

Die westdeutsche Bereitschaft, nach dem 9. November 1989 auf Ostdeutsche zuzugehen, sie und das Land kennenzulernen, war und ist bis heute gering. Außer an Ostberlin gab es kein spürbares Interesse »am Osten«.

Ostdeutsche wurden nach der kurzen Euphorie des 9. Novembers 1989 oft Hohn und Spott preisgegeben.

Ostdeutsche waren nach dem Mauerfall nur als Besucher:innen willkommen, nicht als Konkurrent:innen am Arbeitsplatz oder als Nachbar:innen.

Mit der Maueröffnung am 9. November 1989 »wächst zusammen, was zusammen gehört«, so wird Alt-Bundeskanzler Willy Brandt oft zitiert. Doch die tatsächliche Geschichte ist eine andere. Bis heute ist es auch eine Geschichte der Entfremdung und der Missverständnisse. Aber es ist vor allem nicht nur eine Geschichte, sondern eine Vielzahl sehr unterschiedlicher Geschichten, und wenn es uns ernst ist mit dem Zusammenwachsen, sollten wir uns die Mühe machen, davon so viele wie möglich kennenzulernen. Die Herausforderung für uns als Gesellschaft besteht also darin, über diese unbequemen Wahrheiten ins Gespräch zu kommen. Doch bisher ist der mediale Diskurs in Westdeutschland dafür eher taub. Wir müssen die Distanz verringern.

Distanz

Im September 2020 fahre ich zum ersten Mal in meinem 45-jährigen Leben nach Dresden. Als Westdeutsche. Ich bin zu einer Lesung eingeladen und freue mich auf den Weg dorthin, die Ruhe des Reisens und auf das Neue, das mir in Dresden begegnen sollte. Es kommt mir ungewöhnlich vor, dass es mich, die lange in Berlin gelebt hat, noch nie nach Dresden verschlagen hat. Eine alte Barockstadt, in der sich die »Sixtinische Madonna« von Raffael befindet. Eine Stadt an der Elbe. Warum war ich vorher noch nicht hier?

Vielleicht weil Dresden immer ein wenig zu weit weg war, selbst als Erzählung. Wie die meines Großvaters, wenn er davon sprach, wie er mit dem Fahrrad vom Riesengebirge bis nach Berlin gefahren war. An Dresden vorbei. Vor dem Krieg. Vor der Mauer. Als mein Großvater noch Schlesier war, mit seinen Brüdern und meiner Urgroßmutter auf vergilbten Fotografien, die sandige Schulwege zeigen und ein Haus, das einen gläsernen, bunten Erker hat. Dort saß mein Großvater als Kind und beobachtete das Schneetreiben. Ich nickte ihm dann, wenn er erzählte, zu und betrachtete das Haus auf dem Foto. Den Erker. Familie, so fern.

Als wir Leipzig auf der Autobahn hinter uns lassen, führt uns das Navi auf eine Landstraße, um den vor uns liegenden Stau zu umfahren. Die Wege sind gleißend, die Sonne steht tief im Spätsommer. Es ist immer noch grün, die Wiesen, die Bäume, und das Licht schimmert gelb. Ich fühle mich wohl, sicher und ein Stück weit mehr zuhause, als ich mich in Kassel, Stuttgart oder München fühlen würde. Es ist ein Stück Heimat. Natürlich, denke ich, es ist Deutschland, das Land, in dem ich geboren bin. Und doch ist es das nicht. Wir fahren Richtung Meißen durch die Dörfer, bis wir in Dresden ankommen. Und plötzlich ist alles ganz nah: die historischen Bauten, die barocken Kirchen, die Anlagen und Gassen.

Ich war 13, als die Mauer fiel. Und meine Erinnerungen an die Zeit danach sind so oberflächlich wie einprägsam: Jeansjacken, gegenseitige Verachtung, Rostock, Trabis. Freunde der Familie auf Besuch bei uns im Westen. Die Unsicherheit miteinander. Berlin als Ort der Freiheit. Die S-Bahn-Haltestelle Friedrichstraße in den Neunzigerjahren, dunkel und verlassen bei meinem ersten Besuch in Berlin auf einer Klassenreise. Das war 1993 und die Stadt glich einer Ruine, die einen Riss in der Mitte hatte. Berlin war einerseits durch die Aufbruchstimmung nach dem Mauerfall von der Piefigkeit Westdeutschlands weit entfernt. Andererseits strahlte es das aus, was ich nur aus den letzten Ecken der deutschen Wohnzimmer aus Eiche kannte: Muttchen und Deckchen, Kiosk und Brause. Berlin war abstoßend – und zugleich Heimat. So deutsch, wie ich es nie zuvor gesehen hatte. Einer unserer Lehrer sah es so: »Hier kann man an jeder Ecke Geschichte sehen.« Es war die Welt meiner Großmutter, die dem polnischen Ort Ziegenhals, dem heutigen Głuchołazy, entflohen war. Es war die Welt meines Großvaters, der in Waldenburg, dem heutigen Wałbrzych, großgeworden war. Prag, Dresden, Berlin – das waren die Städte, von denen mein Großvater sprach, wenn er von seiner Jugend erzählte. Berlin war auch die Insel, auf die mein Onkel in den Siebzigerjahren geflohen war. Vor seinem Elternhaus, der Bundeswehr und einem streng normierten Leben. Es war eine Welt, die ich nur aus Geschichten kannte. Denn zwischen der Vergangenheit meiner Großeltern und meinem Leben lag der Kalte Krieg. Auch Westberlin lag hinter einer Grenze. Doch vor allen Dingen erinnere ich mich an diese seltsame Leere Anfang der Neunzigerjahre, die im ganzen Land herrschte. Es hätte anders sein können. Es hätte ein Wunder sein können – eines, von dem wir heute noch zehren.

Ich bin im Westen aufgewachsen. In dem Teil Deutschlands, in dem die DDR, der Unrechtsstaat, nebenan war. Und in dem Westdeutsche gefühlt auf der richtigen Seite standen. Wir hatten kaum Verwandte und Freunde in der DDR. Die wenigen Besuche fanden in den Jahren 1987 und 1988 statt. Ich erinnere mich vor allem daran, dass meine Mutter Angst hatte. Sie weinte bei der Ankunft über die schwer bewaffneten Polizisten an der Grenze, über die tristen Häuser und später vor Wut über meinen Vater, der Witze über die Stasi machte. Ich bedauerte, dass unsere Verwandten noch nie eine Pizza gegessen hatten. Wir besuchten eine Jugendweihe und spielten vor den Garagen eines großen Mietshauses mit den anderen Kindern Fußball. Da ich zuhause auch in einem Mietshaus wohnte, fühlte ich mich verbunden. Eine der Garagen, erzählte eines der Kinder stolz, würde seinem Vater bald vermacht werden. Wir machten Urlaub in ihrem Ferienhaus in der Nähe Magdeburgs und gingen in ein Restaurant essen, in dem wir die einzigen Gäste waren.

Ich erinnere mich an diese Aufenthalte in der DDR in Bilderfetzen. Das Haus nahe Aschersleben, die Osterdekoration, der Kamin im Haus. Die Grenzbeamten, das Weinen meiner Mutter. Unser alter Ford in Metallicgrün. Der Geruch von Kohle und Trabis. Es sind Erinnerungen, die nicht weiter geformt wurden. Es sind Erinnerungen, die sich nicht weiterentwickelt haben. Dort endete die Geschichte. Es war eine Zeit, in der Ost und West für mich als Kind klar zu kennzeichnen waren: Hinter der Mauer begann ein graues Land mit Menschen, die eingesperrt waren. Ich wusste nichts über Umerziehungslager, über Spitzel und Gefängnisse. Ich hatte keine Vorstellung davon, was eine

Diktatur war. Ich zählte die 25 Schokoladenweihnachtsmänner auf der Schrankwand einer verwandten Cousine und fragte, warum sie alle behalten hätte. Es waren Schätze, die ich als Kind aus einem Land des Überflusses nicht verstand. Auf der anderen Seite der Mauer, auf meiner Seite, begann für mich das Land der Fülle, der Farben und der Menschen, die frei waren. Es endete erst wieder an der Westgrenze der USA, es reichte über den Globus hinaus. Es fühlte sich gut und richtig an. Das richtige Leben lebten wir, das falsche die Anderen, so dachte ich.

Zwei Jahre vor meiner Reise nach Dresden wollte ich für einen Artikel eine Studie zur gesellschaftlichen Toleranz in ein Schaubild übersetzen. Das »Vielfaltsbarometer«[3], so der Titel, hatte rund 3000 Personen zu ihren Einstellungen gegenüber verschiedenen gesellschaftlichen Gruppen befragt. Dabei wurden Meinungen zu Aussagen gesammelt wie: »Viele Forderungen von Menschen mit Behinderungen finde ich überzogen.« »Ein Mann muss sich durchsetzen, sonst ist er kein richtiger Mann.« »Mir geht oft der Hut hoch, wenn ich an das Verhalten denke von Superreichen.« Oder: »Die meisten Hartz-IV-Empfänger sind arbeitsscheu.« Für die Mehrheit der Deutschen in den Jahren 2018 und 2019 stellte zunehmende Vielfalt etwas Positives dar, mehr Bereicherung als Gefahr. Die Studie verwies aber auch darauf, dass deutliche Unterschiede in der Akzeptanz von Vielfalt – je nach Region – auszumachen wären. Das Heft, in das das Schaubild eingebettet werden sollte, hatte das Oberthema »Würde«. Anlass war die Jahresfeier zum 70. Jubiläum des Grundgesetzes.

Während ich mit meinem Kollegen an der Darstellung der gesellschaftlichen Gruppen arbeitete, beschlossen wir gemeinsam mit dem Grafiker, die Abstufungen der Toleranzwerte in unterschiedlichen Farben zu kennzeichnen. Grün in hellen und dunklen Tönen sollte für Offenheit, Toleranz und Akzeptanz stehen, violett dagegen für eine Tendenz zur Ablehnung, zu Skepsis und zu einer wertkonservativen Haltung. Als ich den ersten Entwurf bekam, sah ich auf eine geteilte Deutschlandkarte: auf der linken, westlichen Seite leuchtete sie grün. Auf der rechten Seite, im Osten und in wenigen südlichen Gebieten, dunkelviolett. Mehr als drei Jahrzehnte nach der deutschen Wiedervereinigung reagieren die Menschen in den ostdeutschen Bundesländern deutlich skeptischer auf andere gesellschaftliche Gruppen als diejenigen in den westdeutschen Bundesländern.

Das Bild überraschte mich nicht. Es passte einerseits zu demjenigen, das man weithin von Ostdeutschland zeichnete, intolerant, hohe Demokratiedefizite. Doch ich konnte die Skepsis nachempfinden, ich verstand das Misstrauen. Es resultierte für mich direkt aus der jahrelangen Ignoranz gegenüber Ostdeutschen. Die geht so weit, dass man sogar im gesamtdeutschen Geschichtsbewusstsein eine große Geschichte vergessen hatte.

Schließlich hatten die Bürger:innen der DDR etwas geschafft, das es so bisher in Deutschland noch nicht gegeben hatte, eine Revolution von unten, dazu noch eine friedliche, hervorgegangen aus einer unglaublich vielfältigen, demokratischen Graswurzelbewegung. Es ist die Geschichte der Friedlichen Revolution.

»Guten Abend, meine Damen und Herren. In Leipzig ist es heute Abend nach einem Gottesdienst in der Nikolaikirche zu einer Demonstration von mehreren hundert Menschen gekommen.«[4] Mit diesen Worten eröffnete Sprecher Werner Veigel die *Tagesschau* am 4. September 1989. Noch ahnt niemand, welche Bedeutung diesem Ereignis zukommen sollte. Ein Teil der Gottesdienstbesucher:innen hatte sich nach der Andacht auf der Straße versammelt und ein großes Transparent mit der Aufschrift »Für ein offenes Land mit freien Menschen« entrollt. Um die Kirche hatten sich daraufhin mehrere Staffeln der Volkspolizei in Stellung gebracht, und Zivilfahnder in direkter Nähe zu den Demonstrant:innen. Sie hatten zunächst zurückhaltend agiert, um keine unnötige Aufmerksamkeit zu erregen. Doch immer wieder waren »Wir wollen raus«- und »Mauer weg«-Rufe zu hören gewesen. Es dauerte also nicht lange, bis die ersten Zivilfahnder der Stasi eingriffen, Transparente herunterrissen und einzelne Teilnehmer:innen festnahmen. Währenddessen hatten die Menschen des Demonstrationszuges begonnen, »Stasi weg« zu skandieren.

Diese Versammlung war der Auftakt für viele weitere Demonstrationen in verschiedenen Städten der DDR, die später als »Montagsdemonstrationen« in die Geschichte eingehen sollten. Innerhalb weniger Monate waren aus den kleinen, oppositionellen Versammlungen in den Kirchen Massendemonstrationen in der ganzen DDR erwachsen. Bereits im Januar 1989 hatten in Leipzig Oppositionelle die »Demokratische Initiative – Initiative zur demokratischen Erneuerung der Gesellschaft« gegründet, die im September 1989 zusammen mit anderen Bürgerrechtsbewegungen im Neuen Forum aufging, das maßgeblich den Weg zum Mauerfall ebnete.

Bärbel Bohley, eine der Beteiligten, erinnert sich an die Stimmung in dieser Zeit: »Im Herbst 1989, der eigentlich vom September 1989 bis in den März 1990 reichte, fand ein unausgesetzter, landesweit fast gleichzeitiger Aufbruch statt, an dem sich aktiv mindestens zwei Millionen Menschen beteiligten – in sämtlichen großen Städten, in allen mittleren Städten, in vielen Kleinstädten, ja bis in die Dörfer hinab. Es war die größte Demokratiebewegung der deutschen Geschichte bisher. Die Politik fand plötzlich unter freiem Himmel statt – auf der Straße entfaltete sich jene Dynamik und konnte sich nur dort entfalten«[5].

Der erste Höhepunkt davon war der 9. Oktober 1989, an dem in Leipzig 70 000 Bürger:innen auf die Straße gingen. Diese Bewegung veränderte die Dynamik, die Friedliche Revolution schaffte den Wechsel:

Am 18. Oktober 1989 trat Erich Honecker zurück. Am 8. November, einen Tag vor dem Fall der Mauer, wurde die Bürgerbewegung Neues Forum von der SED als politische Gruppierung zugelassen.

Dass der entscheidende Beitrag zur Wiedervereinigung von den Ostdeutschen kam und errungen wurde, durch breite Anwendung der grundsätzlichsten demokratischsten Mittel wie Demonstration und der Gründung von Parteien und Bewegungen, das ist im kollektiven Gedächtnis Westdeutschlands viel zu wenig präsent. Das Misstrauen der Ostdeutschen kann also auch als Folge davon verstanden werden, wie wenig Gewicht ihrem Beitrag zur neuen deutschen Demokratie beigemessen wurde.

Geteiltes Land

Ostdeutsche Autor:innen weisen seit Jahren darauf hin, dass Filme, Bücher und Serien wieder und wieder dieselben Klischees bedienen, wie es die Serie *Der Palast* über ein durch den Mauerbau getrenntes Zwillingspaar unlängst tat. Sie erweckt mit ihren hölzern gezeichneten Figuren, aus West wie aus Ost, den Anschein einer Vorabendserie. Diese Darstellung wird jedoch vorrangig von ostdeutschen Journalist:innen kommentiert. Oder Leser:innen. Unter einem Artikel auf *Zeit Online*[6] zur besagten Serie liest sich das so:

Kommentar von Bettina Ju:
»Die DDR Geschichte wird nicht erzählt werden. Sie ist ein Klischee: von Diktatur, Stasi, Mangel Wirtschaft, SED. Weil die Medien in ›westdeutscher‹ Hand sind. Die haben die DDR nicht erlebt und sind auch nicht interessiert daran. Die ehemaligen Ostdeutschen in verantwortlichen Positionen haben sich angepasst, um nicht unangenehm aufzufallen. Die Geschichte der DDR bleibt in den Menschen erhalten, die sie auf

unterschiedliche Weise erlebt haben und wird mit ihnen sterben. DDR und BRD sind ein Missverständnis. Habe kürzlich ein Interview mit Bernhard Schlink gelesen: der sagte die Westdeutschen ironisieren die Themen und halten sich auf Distanz zu den Themen. Die Ostdeutschen sind direkt, ernsthaft und wirken für die Westdeutschen naiv. Da wusste ich Bescheid. Ich bin die andere.«

Die Antwort von Frubo darauf:
»Blödsinn. Selbst als ›ungelernter DDR-Bürger‹ (ich lebe seit 1990 in den neuen Bundesländern) kann ich das beurteilen. Das von Ihnen als Klischee Bezeichnete war für viele DDR-Bürger harte und bittere Realität.«

Es ist ein Ringen um Identität, um die eigene Geschichte. Der Historiker Ilko-Sascha Kowalczuk, der sich seit Jahrzehnten mit der Aufarbeitung der SED-Diktatur beschäftigt, sieht darin ein strukturelles Problem: »Wenn ich als westlicher Medienmacher ausschließlich einen Fremdblick habe, dann präsentieren diese Medien Bilder, die dem Fremdblick entsprechen. Damit konnte kaum ein Ostdeutscher was anfangen. Das ist ein Problem bis zum heutigen Tag. Die Deutungseliten im Osten sind Westler.«[7]
Diese mediale Deutungshoheit mag auch dazu führen, dass die Ausgewogenheit bei der Berichterstattung über das Phänomen der im Osten überdurchschnittlich erfolgreichen AfD auf der Strecke bleibt.

Nach der Bundestagswahl 2017 konstatierte etwa die *Frankfurter Allgemeine Sonntagszeitung*: »17 Millionen Menschen kamen 1990 aus einem Land namens DDR in die Bundesrepublik. Das Wahlergebnis zeigt: Viele von ihnen haben sich bis heute nicht integriert.«[8] Das Problem des Rechtsradikalismus ist auch im Westen existent, und zehn Prozent bei der Bundestagswahl 2022 für die AfD ein gesamtdeutscher Erfolg. Ebenfalls kein großes Medienecho hat der Umstand erfahren, dass gerade Sachsen und Thüringen einen Zuzug von Rechtsradikalen, etwa aus Bayern oder dem Ruhrgebiet, erfahren, die dort Strukturen etablieren, die zu einer weiteren Verselbstständigung des Problems führen. Wie bitter ist die Ironie in diesem Zusammenhang, dass die meisten der führenden Köpfe der AfD in Westdeutschland sozialisiert wurden?

Neben der medialen Deutungshoheit sieht Kowalczuk noch ein weiteres strukturelles Problem: »In meiner Profession, in der Zeitgeschichte, gibt es keine einzige Institution, die in den letzten dreißig Jahren einmal von einem Ostdeutschen geleitet wurde. […] Eliten rekrutieren sich aus sich selbst heraus. Hier erklären fast ausschließlich Westler dem Osten ihre eigene Geschichte.« Dass darunter die Glaubwürdigkeit leidet, liegt auf der Hand. Doch nur wenige Westdeutsche übernehmen dafür Verantwortung. Der Großteil hat Scheuklappen aufgesetzt und zeigt nur noch mit dem Finger auf die Anderen: Nazis, Ossis, Opfer, Jammerer. Das hat seit Jahren Bestand. Nicht nur der Autor Thomas Roethe zimmerte mit seinem Buch *Arbeiten wie bei Honecker, leben wie bei Kohl* kurz vor der Jahrtausendwende noch einmal alle negativen Klischees in einem Buch zusammen. Heute, fast zwanzig Jahre später, macht sich die liberale, westdeutsche Autorin Sophie Passmann nach einem Besuch im sächsischen Eisenach in ihrer Kolumne auf *Spiegel Online* über den Osten lustig.[9]

Wütend, ängstlich, passiv-aggressiv seien die Leute dort, viel Trostlosigkeit, wenig Infrastruktur. Zur Empörung ruft jedoch nicht eine westdeutsche Journalistin oder ein westdeutscher Journalist auf, sondern erneut eine Kollegin, die in Sachsen-Anhalt geboren ist, Valerie Schönian, *Zeit*-Autorin. Die beiden treffen sich in Magdeburg, Schönians Heimatstadt, und sprechen über Passmanns Text. Es geht dabei nicht um Schuldzuweisungen, sondern darum, sich Klischees bewusstzuwerden. Und die beiden sprechen darüber, wie es im Vorspann des Interviews heißt, dass »eine Generation doch weniger vereint ist, als sie es oft glaubt«.[10]

Sophie: Wenn ich einen ostdeutschen Dialekt höre – ganz ehrlich –, habe ich sofort ein Klischee im Kopf. Ich weiß, dass das völliger Quatsch ist. Aber so wurde ich von der Gesellschaft geprägt.

Valerie: Die Vorurteile gibt es auf beiden Seiten. Ich habe auch klischeehafte Zuschreibungen gegenüber Westdeutschen im Kopf, wenn ich merke, dass jemand sich nicht für den Osten interessiert, aber über ihn urteilt. Das macht mich wütend. Gab es eigentlich Protest gegen deinen Text über Eisenach?

Sophie: Nö. Bei den Leuten kam vor allem die Information an: Der Osten ist ein bisschen trostlos. Und es ist schlecht, da gestrandet zu sein.

Valerie: Krass.

Sophie: Stört dich das?

Valerie: Es macht mich, ehrlich gesagt, ein bisschen fassungslos. Keiner hat das Bedürfnis zu widersprechen? Das ist doch ernüchternd.

Passmann, aufgewachsen in Baden-Württemberg, lebt heute in Köln. Sie ist Autorin und Komikerin, moderiert Radiosendungen und schreibt für Sendungen wie die Late-Night-Show *Neo Magazin Royale* von Jan Böhmermann. Sie hat eine mediale Aufmerksamkeit und ist gerade bei einem liberalen Publikum beliebt. »Ich habe in Eisenach zum ersten Mal gemerkt«, erzählt Passmann in dem Interview, »dass ich eine westdeutsche Arroganz besitze. Dass ich mich als Wessi fühle, hätte ich nie gedacht. Um mich als Andere zu empfinden, musste ich erst mal in den Osten.« Ostdeutschland, so schreibt Valerie Schönian, habe für Sophie Passmann lange keine Rolle gespielt. Erst der Chemnitzer Rapper Trettmann habe Passmann ein Gefühl für die Region vermittelt. Und das liest sich so:

Grauer Beton / Alle guten Dinge kommen von oben / Der Zebrafink ist mir zugeflogen / Und ab und zu hielt gleich dort wo wir wohnen / Ein ganzer Lkw voll mit bulgarischen Melonen / Kids aus Übersee waren unsere Ikonen / Und weiße Sneaker mehr wert als Millionen / Ich denk' heut noch oft zurück an meine Straße / An die Alten und die Kids aus meiner Straße / Aus der Platte, die aus meiner Etage / Man hat uns vergessen dort, Anfang der Neunziger Jahre / Desolate Lage, jeden Tag mit der Bagage / Frag nicht, was bei mir ging, hing jeden Tag mit der Bagage / Neue bunte Scheine sprechen eine eigene Sprache / Neue bunte Welt erstrahlt in der Leuchtreklame.

Eine Jugend, vergessen. Weil der Zugang fehlte? Die Bezüge? Sophie Passmann ist damit natürlich nicht allein. Rainald Grebe zum Beispiel, geboren in Köln, Musiker und Schauspieler, schuf mit dem Song »Brandenburg« eine Hymne, die mit westdeutschen Ost-Klischees spielt wie etwa Skinheads und Achim Mentzel als Phänotyp des ostdeutschen Provinz-Moderators. Der westdeutsche Autor Moritz von Uslar prägt mit seinen erfolgreichen und nicht undifferenzierten *Deutschboden*-Romanen letztlich das Bild eines provinziellen und rechtsradikalen Ostdeutschlands. Claus Holtfoth und Ulrich Ahlers, geboren in Hannover und Freiburg, hatten als Ö La Palöma Boys in den Neunzigern Charterfolge bis nach Österreich und in die Schweiz. Das Wesen ihrer Auftritte orientierte sich an westdeutsch geprägten Vorurteilen über Sachsen (Dialekt, provinzielles Auftreten). Die in Kassel geborene Kunsthistorikerin Hilke Wagner ist Direktorin des Albertinums, der Staatlichen Kunstsammlungen Dresden, und steht in der Kritik, die Werke ostdeutscher Künstler:innen nicht ausreichend zu berücksichtigen. Und so weiter. Und so weiter.

Hinzu kommt oft eine Unwissenheit, die uns Westdeutsche auszeichnet. Fragen Sie mal in Ihrem westdeutschen Bekanntenkreis, wer den »Soli«, den Solidaritätszuschlag, gezahlt hat. Wenige wissen, dass es eine gesamtdeutsche Leistung war. Auch ich dachte viel zu lange, dass es nur eine westdeutsche Leistung ist. Ein Bekannter aus Schwerin erinnert sich noch gut an den Beginn seiner Bundeswehrzeit. Der Offizier begrüßte ihn beim Antritt mit den Worten: »Ach du bist einer von denen, für die ich zahle.« Es gibt schnell ein »Die« und ein »Wir«. Selten gibt es Verständnis.

Die Aufarbeitung der Wiedervereinigung ist für den Westen kein Thema. Daher rührt die Unwissenheit. Warum sollte etwas aufgearbeitet werden, dass – so das westdeutsche Narrativ – eine Erfolgsgeschichte war? Doch Geschichte lässt sich nicht als »technokratischer Prozess« erzählen, sie ist »immer auch eine Geschichte von Kulturen, von Menschen, die miteinander umgehen müssen«, davon ist Ilko-Sascha Kowalczuk überzeugt. Und damit erklärt er den Gap zwischen den nachwachsenden Generationen und den ersten Einheitsakteur:innen, der bis heute besteht. Sophie Passmann ist eine kluge, lustige Frau. Sie ist eine Person, mit der man sich gerne identifiziert. Eine Person, die eine herablassende Art besitzt, die ihr gar nicht auffällt. So wie sie sehr vielen nicht auffällt. Wir Westdeutsche sind alle ein bisschen Sophie Passmann.

Zynismus

Es musste nach der Wiedervereinigung nicht viel Zeit ins Land gehen, bis das erste Mal eine Tageszeitung mit einer ganz speziellen Umfrage eines Meinungsforschungsinstituts aufmachte. Ob Emnid oder Forsa, sie alle waren – und sind – sich nicht zu schade, eine heiße Frage zu klären, und zwar immer und immer wieder. Die geht so: Wie viele Menschen wünschen sich heute die Mauer zurück? Die Umfragen häufen sich, so funktioniert Journalismus, besonders zu den Jahrestagen des Mauerfalls oder der Wiedervereinigung, also immer dann, wenn das Jahr auf 0, 4, 5, oder 9 endet. So erfährt man mit Regelmäßigkeit:

»Jeder Fünfte wünscht sich die Mauer zurück«
(*Stern*, Forsa, 2004)

»Jeder Siebte wünscht sich die Mauer zurück«
(*Stern*/RTL, Forsa, 2009)

»Jeder Achte will die Mauer zurück« (*Spiegel Online*, Leipziger Institut für Marktforschung, 2009)

»Jeder Vierte wünscht sich die Mauer zurück« (*BILD*, Emnid, 2010)

»Jeder Sechste will die Mauer zurück« (*Focus Online*, INSA-Consulere, 2014)

»Die Mauer will eine Minderheit von 13 Prozent der Befragten zurück (West 14/Ost 13).« (*Focus Online*, YouGov, 2019)

Diesen Meldungen folgt stets eine inflationäre Berichterstattung in den Mainstream-Medien des vereinten Landes. Selbst Qualitätsorgane wie *Die Zeit*, die *Frankfurter Allgemeine Zeitung* oder die *Süddeutsche Zeitung* können sich dem Sog nicht entziehen, geht es im Kern doch um die ewig brennende Frage: Wie weit sind Ost und West noch immer voneinander entfernt? Nun könnte man es ja bei der Erkenntnis belassen, dass die überwältigende Mehrheit der Deutschen sich bis jetzt – in jeder der Umfragen – die Mauer nicht zurückwünscht, was angesichts der Tatsache, dass dort Menschen getötet wurden und dass ihr Bau über Nacht Millionen von Familien gewaltsam auseinandergerissen hat, eigentlich niemanden verwundern sollte. Diese Meldung aber wäre keine Meldung wert.

Lieber wird weiter nach Trennendem gegraben: Wünschen sich etwa mehr Ost- oder mehr Westdeutsche die Mauer zurück? Das Ergebnis ist immer wieder knapp, aber in der Tendenz liegen die Westdeutschen beim Wunsch einer Wiedererrichtung der Grenzanlagen am Ende deutlich vorn:

> »Fast 14 Jahre nach der Wiedervereinigung wünschen sich 21 Prozent der Deutschen die Mauer zurück (Ostdeutsche: 12 Prozent, Westdeutsche: 24 Prozent).« (*Stern*, 2004)

> »20 Jahre nach dem Fall der Mauer wünschen sich einer Umfrage zufolge mehr West- als Ostdeutsche wieder ein geteiltes Deutschland. Demnach wollen 16 Prozent der Wessis, aber nur 10 Prozent der Ossis die Mauer zurück.« (*Mitteldeutsche Zeitung*, 2009)

> »In den alten Ländern sind es 12 Prozent, in den neuen 13 Prozent.« (*Spiegel Online*, 2009)

Man kann sich über jene aufregen, die bei der Frage, ob sie sich die Grenzanlagen zurückwünschen, mit Ja geantwortet haben – vor allem über die Westdeutschen, deren Leben nie wirklich davon tangiert war. Doch letztlich haben sie nur auf eine Frage geantwortet, die ihnen vermutlich von alleine gar nicht in den Sinn gekommen wäre. Viel ungeheuerlicher ist es, dass sich renommierte Meinungsforscher:innen dafür hergeben, sie überhaupt zu stellen. Auch hier scheint in Vergessenheit geraten zu sein, was an diesem vermeintlich niedlichen Meinungswunschobjekt mit Selbstschussanlagen in fast dreißig Jahren geschehen ist, wie viele Menschen an der Mauer ihr Leben verloren haben – angefangen von denen, die nach einem Fluchtversuch an ihren Schusswunden im Grenzstreifen verbluteten bis zu den Kindern, die auf westdeutscher Seite, etwa am Kreuzberger Spreeufer, beim Spielen ins Wasser stürzten und hilflos ertranken. Retter:innen mussten bis in die Siebzigerjahre damit rechnen, von der gegenüberliegenden Seite oder von Grenzbooten beschossen zu werden. Die Spree gehörte hier bereits zum Staatsgebiet der DDR.

Na, wünschen Sie sich die Mauer zurück? Man kann bestenfalls von einer enorm unangemessenen Frage sprechen, aber eigentlich handelt es sich um eine Verhöhnung aller Menschen, die an der Mauer ums Leben gekommen sind. Was diese immer wiederkehrende Frage durch die Medien letztlich anrichtet, kann niemand mit Sicherheit sagen. Doch es ist bemerkenswert, dass dieser Zynismus, den man als in Westdeutschland zu Wendezeiten sozialisierte:r Jugendliche:r nur allzu gut aus den mitleidslosen Anfangstagen des vereinigten Deutschlands vom Schulhof kennt, hier als Nachrichtenwert verkleidetes Bullying seine Fortsetzung findet.

Bei vielen westdeutschen Teenagern war dieses

Verunglimpfen und Kleinmachen der Ostdeutschen allerdings eher auf Äußerlichkeiten beschränkt: Die Klamotten! Der Dialekt! Die Haare! Eine Generation weiter, die eigenen Eltern also, wurde man bei der Beurteilung Ostdeutscher schon inhaltlicher. Eine Sorge war bereits wenige Monate nach dem Mauerfall nicht nur zwischen den Zeilen spürbar, sie wurde mitunter deutlich formuliert. Unter Kolleg:innen, beim Familienfest, am Abendbrottisch: Nehmen »die« uns vielleicht was weg? Machen »die« unseren Markt kaputt? »Die Ostdeutschen« waren schließlich nicht geschult, was Marktwirtschaft anbetraf. Ganz im Gegenteil, sie mussten, so klang der westdeutsche Sound der frühen Wiedervereinigungsjahre, »ja nie etwas leisten«.

Im Aufzeigen ostdeutscher Defizite lag, bewusst oder unbewusst, die beruhigende Nachricht, dass die Konkurrenz aus dem Osten auf dem Arbeitsmarkt beherrschbar sein würde. Der Historiker Marcus Böick, der seit vielen Jahren zur Treuhand forscht und 2018 das Buch *Die Treuhand. Idee – Praxis – Erfahrung*[11] veröffentlicht hat, spricht in diesem Zusammenhang von einer »Entwertung der DDR-Zeit«.[12] Diese Entwertung war nicht nur eine ökonomische, sondern auch eine kulturelle Entwertung. Eine Entwertung derjenigen, die den Alltag in der DDR gestalteten.

Und weil die Eltern nicht anders daherredeten als zuweilen die eigenen Lehrer:innen, war die Hemmschwelle unter Jugendlichen niedrig, gegen alle Ostdeutschen loszuwettern. »Baut die Mauer auf, aber drei Meter höher« war der oft unter Alkoholeinfluss gegrölte Schlachtruf der frühen Neunziger gegen alles, was angeblich aus dem Osten in den Westen gelangte. Und genau dieser unsägliche Schlachtruf ist noch heute, mehr als dreißig Jahre später, Grundlage tendenziöser und zynischer Meinungsumfragen, die in den Medien zitiert werden.

Es gibt viele Definitionen von Zynismus, aber alle laufen letztlich darauf hinaus, dass er durch das Fehlen von Mitgefühl gekennzeichnet ist. Und damit ging es bereits wenige Wochen nach der Maueröffnung los. In den westdeutschen Zeitungen stand zunehmend die Frage im Mittelpunkt, ob die Trabischlangen von Lübeck bis Fulda jetzt dauerhaft die Straßen verstopfen würden. Im November 1989 regte der saarländische Ministerpräsident Oskar Lafontaine an, sowohl Übersiedler:innen als auch »volksdeutschen« Aussiedler:innen aus dem osteuropäischen Raum »den Zugriff auf die sozialen Sicherungssysteme der Bundesrepublik«[13] unmöglich zu machen. Zu dieser Zeit zählte das Land zwei Millionen Arbeitslose. Das war kein Spitzenwert, aber es kursierte die Angst, dass es auf dem Arbeitsmarkt zu Verdrängungskämpfen und in der Folge zu sozialen Unruhen kommen könnte. Der Gewerkschaftsvorsitzende Ernst Breit mahnte: »So willkommen sie uns sind, so deutlich müssen wir ihnen sagen, dass unser Teil Deutschlands kein Paradies ist und sie hart um den wirtschaftlichen Wohlstand kämpfen müssen.«[14]

Zeitungen, Radio und Fernsehen waren in dieser Zeit die exklusiven Informationskanäle, das Internet spielte noch keine Rolle. Aber es gab vergleichbare Medienphänomene. Meinungen verfestigten sich dadurch, dass sie wiederholt publiziert oder gesendet wurden. Das alarmierte die Politik, die diese Stimmung wiederum aufnahm und sie offiziell bediente – und damit zu einer weiteren Verfestigung beitrug. 1990 musste Michael Jürgs, damaliger Chefredakteur des *Stern* für die Titelzeile »Sollen die Ossis bleiben, wo sie sind?« immerhin seinen Hut nehmen. Der Ton war damit jedoch gesetzt, der *Stern* hatte zu dieser Zeit noch eine Millionenauflage. Noch kurz vor seinem Tod 2019 erzählte er jedoch in einem Interview mit dem *Spiegel*,[15] er habe 1989 eine Gruppe von DDR-Bürger:innen, die Hamburg einen Besuch abstatteten, in die Kantine des Verlags eingeladen und mit Kolleg:innen Geld gesammelt.

Jürgs: Als die ersten Zonis nach dem Mauerfall vor der Stern-Redaktion in ihren stinkenden Trabis vorfuhren, habe ich die Kantine öffnen lassen. Die hatten Hunger.

Spiegel: Sehr großzügig. Zu essen hatten die Ostdeutschen schon auch.

Jürgs: Ja, aber Broiler und Sättigungsbeilage. Wir hatten was anderes anzubieten. Steaks und Pommes und Garnelen. Irgendwann rief mich der Pförtner an: Die wollen gern nach oben, um mal auf die Alster zu schauen. Sagte ich: Okay, lassen Sie sie rauf. Ich hatte in meinem Büro, siebter Stock, eine riesige Terrasse. Dort saß ich mit Kollegen bei der Planung fürs nächste Heft. Ich forderte alle auf, los, Geld auf den Tisch, das geben wir denen.

Das verdeutlicht die damals herrschende Geisteshaltung, die auch unter den westdeutschen Meinungsmacher:innen selbst zu finden war.

Mit dem 9. November 1989 begann eine Migration von Ost nach West. Pro Monat kamen schätzungsweise bis zu 150 000 Menschen über die Grenze. Noch vor dem Mauerfall waren 200 000 DDR-Bürger:innen mit eindeutiger Übersiedlungsabsicht über die Botschaften im Ausland nach Deutschland gekommen, eine verkraftbare Zahl. Wie hoch aber war das Übersiedlungspotenzial bei den DDR-Bürger:innen, die nicht geflüchtet waren? Wie viele von ihnen wollten wirklich raus aus der DDR? Die westdeutsche Politik stand noch unter dem Eindruck der überfüllten Botschaften und die Trabis in den westdeutschen Zentren mögen den Eindruck vermittelt haben, als sei die DDR zukünftig ein leeres Land.

Zu diesem Zeitpunkt war noch nicht klar, ob sich die vom Westen favorisierte Wiedervereinigung tatsächlich umsetzen ließe. Es gab viele Menschen in

Ostdeutschland, denen eine Auswanderung nach Westdeutschland nicht vorschwebte. Bereits vor der Maueröffnung waren bei den Demonstrationen im Osten immer wieder »Wir bleiben hier!«-Rufe von Angehörigen einer Bewegung zu hören, die ein Ende der SED-Diktatur durch Einführung demokratischer Strukturen in der DDR forderte. Und schon Monate zuvor, im Januar 1989, hatten Oppositionelle in Leipzig die »Demokratische Initiative – Initiative zur demokratischen Erneuerung der Gesellschaft« gegründet. Die Leipziger Initiative geht im September 1989, zusammen mit anderen, im Neuen Forum auf, dessen Gründungsurkunde zu entnehmen ist: »Wir bieten […] eine politische Plattform, die es Menschen aus allen Berufen, Lebenskreisen, Parteien und Gruppen möglich macht, sich an der Diskussion und Bearbeitung lebenswichtiger Gesellschaftsprobleme in diesem Land zu beteiligen.« Eine Einheit, wie sie später stattfand, wollte die Bürgerrechtsbewegung in der DDR also nicht. Es ging darum, in der DDR Veränderungen zu bewirken.

Darüber hinaus gibt es zahlreiche Zeitzeugenberichte, die dem Mythos widersprechen, den Politik und Medien transportierten. Die ehemalige Grünen-Politikerin Jutta Ditfurth wird in einem Beitrag der *Süddeutschen Zeitung* aus dem Jahr 2019 wie folgt zitiert: »Einflussreiche Menschen aus Politik und Medien behaupteten damals, dass nahezu alle DDR-Bürger in den Westen ziehen wollten. Aber das stimmte nicht. [...] Als ich im Winter 1989/90 endlich einreisen durfte, habe ich mir die DDR von Nord nach Süd angesehen und mit vielen Menschen gesprochen. Viele sagten: Wir wollen offene Grenzen und kein autoritäres System mehr, sondern eine bessere DDR.«[16]

Doch diesen Stimmen wurde kaum Gehör geschenkt, weil sie aus westdeutscher Perspektive letztlich immer im Verdacht standen, einen neuen Sozialismus etablieren zu wollen. Man darf nicht die testosterongeschwängerte, völlig absurde politische Stimmung dieser Tage vergessen, die nur eine Erzählung kannte: Der Westen hat den Sozialismus besiegt. Gerade in den vergangenen Jahren nimmt in der wissenschaftlichen Forschung die Frage größeren Raum ein, ob die Wiedervereinigung eine von Westdeutschland dominierte politische Entscheidung war, die keine Rücksicht auf die Menschen in der DDR nahm, die den DDR-Staat reformieren, aber nicht abschaffen wollten. Es ist spekulativ, ob dieser »Dritte Weg« zu noch mehr Abwanderung oder zum Gegenteil geführt hätte. Am Ende waren es bis 1994 rund drei Millionen Ostdeutsche, die es in den Westen zog, um dort dauerhaft zu bleiben.

Was sich aber zweifellos infolge der ständigen Warnungen vor einem Exodus zeigte: Die Gräben zwischen Ost und West waren schon kurz nach der Euphorie tief ausgehoben. Und die ungnädige Haltung der Westdeutschen gegenüber ostdeutschen Einwander:innen hatte eine ungute Tradition, die nicht einmal 45 Jahre zurücklag. Nach Kriegsende 1945 kamen Millionen von Vertriebenen aus den Ostgebieten nach Westdeutschland. Damals herrschte eine mitunter aggressive Stimmung gegenüber den Geflüchteten, die unerträglich viel Leid erlebt hatten – und nun Ausgrenzung durch Menschen derselben Nationalität erfuhren. Die Unbarmherzigkeit der Westdeutschen nach dem Zweiten Weltkrieg lässt sich aber zumindest in Teilen auf die Versorgungsnot zurückführen, die zu dieser Zeit in Deutschland herrschte.

1989 aber war von Not in Westdeutschland nichts zu spüren, wie das Bundesministerium für Wirtschaft im November 1989 mitteilte: »Das Bruttosozialprodukt dürfte im dritten Quartal spürbar zugenommen und den entsprechenden Vorjahresstand real um ca. 3 ½ Prozent übertroffen haben. Der Bundesminister für Wirtschaft geht davon aus, dass sich die Aufwärtsentwicklung auch im nächsten Jahr fortsetzen und zu einem weiteren kräftigen Anstieg der Beschäftigung führen wird. Schon jetzt ist der inzwischen sechs Jahre andauernde Anstieg der Erwerbstätigenzahl der längste und kräftigste seit den fünfziger Jahren. Die optimistische Stimmung in der Industrie hat sich zuletzt erneut verbessert. Die Auftragsbücher der Unternehmen sind durchweg gut gefüllt, und die Produktion läuft auf Hochtouren. Die Kapazitätsauslastung hat inzwischen das höchste Niveau seit 1970 erreicht.«[17]

Vor diesem Hintergrund ist das offensichtliche Fernbleiben von gesellschaftlicher und politischer

Solidarität jener Tage noch weniger verständlich. Auf westdeutscher Seite zeigte sich das, was in den Sozialwissenschaften als »Wohlstandschauvinismus« bezeichnet wird: Der Vorwurf, Einwanderer und Einwanderinnen würden einem das eigene, hart verdiente Geld und den Job streitig machen. Als 2002 Hamburgs Innensenator Ronald Schill in einer Bundestagsrede giftete, mittellose Ausländer:innen würden »unseren Wohlstand verfrühstücken«,[18] sorgte das bundesweit für Empörung. Anfang der Neunzigerjahre wurde der mitleidslose Umgang mit den Menschen aus Ostdeutschland als solcher noch gar nicht erkannt. Sie bekamen, so Treuhand-Experte Marcus Böick, »das zu spüren, was jeder Einwanderer in Deutschland auch zu spüren bekommt: Sie müssen sich anpassen, die strengen Regeln setzen andere«.

Die Migrationsforscherin Naika Foroutan spricht von Ostdeutschen als Migrant:innen im eigenen Land. In einer Studie im Jahr 2019 stellt sie fest, dass Muslime und Ostdeutsche vergleichbar benachteiligt sind. Auch die Vorwürfe gegenüber Ostdeutschen, so Foroutan, seien denen Migrant:innen gegenüber ähnlich. »Viele Westdeutsche haben Türken, Italienern und Ostdeutschen gleichsam unterstellt, sie hätten nie gelernt, richtig zu arbeiten. Oder die Reaktion, wenn jemand über Ungleichheit spricht. Jammer-Ossis heißt es bei den Ostdeutschen, Opferperspektive bei Migranten. Auch der Vorwurf, hier nicht richtig angekommen zu sein, ist ähnlich. Ebenso wie der, sich in der sozialen Hängematte auszuruhen und von Sozialleistungen oder dem Soli zu leben. Sogar der Vorwurf, nicht demokratiekompatibel zu sein«, äußert sie sich in einem Interview.[19]

Bereits 2012 gaben Rebecca Pates und Maximilian Schochow *Der »Ossi«: Mikropolitische Studien über einen symbolischen Ausländer* heraus. Gleich zu Beginn schreiben sie: »Ostdeutsche werden in der medialen Literatur selten als eigentliche Deutsche dargestellt.« Sie seien »Einwanderer«, genauer gesagt: »Türken«, »Fremde aus Anderland«. Auch die Abgrenzung des Ossis zum Wessis machen sie deutlich: »Über Ostdeutsche als solche wird berichtet, unabhängig davon, wo sie sich gerade befinden, während ein Wessi dies nur im Osten ist.«[20] Dass diese Erkenntnisse Konsequenzen haben müssen, steht außer Frage. Dass sie bisher nicht gehört wurden, ist umso erstaunlicher.

1989, 1990 und auch in den darauffolgenden Jahren herrschte noch große Aufregung um die westdeutschen Sozialsysteme. Als am 1. Juli 1990 die Währungs-, Wirtschafts- und Sozialunion in Kraft trat, kam mit ihr die Deutsche Mark in die DDR. Mit weitreichenden Konsequenzen, wie Ilko-Sascha Kowalczuk verdeutlicht: »Was den Ostdeutschen nicht bewusst war, war die Folge dieser neuen Währung. Wenn man so eine starke Währung wie die D-Mark in einen Raum transferiert, dann funktioniert das so, dass alle Institutionen, die die Stabilität dieser Währung garantieren, eins zu eins – und zwar über Nacht – genauso dorthin transferiert werden.« Und so folgte auf die anfängliche Euphorie Ernüchterung. Die Lebensmittelpreise stiegen rasant und viele Menschen verloren ihren Job, weil ihr Unternehmen liquidiert wurde. Andere verloren ihn aufgrund ihres Parteihintergrundes. Zugleich gab es Fälle, in denen sich Menschen ihr Leben lang nichts hatten zuschulden kommen lassen, aber durch eine Verwechslung oder eine Tätigkeit zur falschen Zeit am falschen Ort beruflich keinen Fuß mehr fassen konnten.

Es hat im Westen niemanden interessiert, wie es mit den Lebenswirklichkeiten und Gefühlen dieser Menschen aussah – und das zu einer Zeit, in der im Westen genau die Generation am Ruder war, die das Ende einer Diktatur und die anschließenden gesellschaftlichen Verwerfungen hautnah miterlebt hatte. Aber vielleicht war genau das das Problem. Wer in den Fünfzigerjahren in Westdeutschland sozialisiert wurde, kennt das Prinzip: Härte gegen Härte, da saß noch der Drill der Nachkriegszeit. Und so war in diesen Jahren mit einer Meldung über die emotionale Verfassung der Menschen »im Osten« keine Schlagzeile zu machen. Mit »Sollen die Ossis bleiben, wo sie sind?« schon.

Eine politische Entscheidung dieser Tage offenbarte dann nicht nur auf besonders eindrückliche Weise die Unsensibilität der deutschen Politik, was den Umgang mit den Menschen in den neuen Bundesländern anbetraf. Sie schuf zugleich ein Instrument, das den Graben zwischen Ost und West noch ein Stück tiefer machen sollte: Die Einführung des Solidaritätszuschlags, der 1991 in Höhe von 7,5 Prozent und später in Höhe von 5,5 Prozent auf die Einkommenssteuer erhoben wurde.

Es ist aus heutiger Sicht nicht zu verstehen, wie die Regierung die gesellschaftliche Stimmung und die Bedürfnisse der Deutschen derart verkennen konnte. Die Mehrheit der Deutschen, und zwar jene mit Westprovenienz, verstand die Steuer als einseitige Zwangsabgabe nach Osten, denn »Solidarität«, so waren ja die Kräfteverhältnisse, konnten nur die Potenten gegenüber den Bedürftigen leisten. Der Osten machte schön die Hand auf, so das westliche Narrativ, das von Anbeginn jeder Realität entbehrte. Denn der Zuschlag wurde und wird in allen deutschen Bundesländern erhoben. Doch noch heute muss in den Medien darauf hingewiesen werden, dass der »Soli« keine westdeutsche Exklusivabgabe ist.

Das Gift dieser Steuer versprühte sich besonders dann, wenn die Gehaltsabrechnung kam. Nun hatten die westdeutschen Bundesbürger:innen eine exakte Zahl an der Hand, an der sie bemessen konnten, ob sich die Ostdeutschen, was Demokratisierung, Wirtschaftsleistung und Dankbarkeitswilligkeit anging, auch entsprechend wohl verhielten. Damit begann die Neiddebatte westdeutscher Prägung ein neues Niveau zu erreichen, die ihre Vollendung in den »hübsch sanierten ostdeutschen Städten«, den neuen Autobahnen und Brücken fand, die viel schöner waren als im Westen, wo doch das ganze Geld dafür herkam. Das zeigte sich bis 2019 in der politischen Diskussion zum Solidarpakt. Hochverschuldete Kommunen im Ruhrgebiet drängten zu Recht auf finanzielle Mittel für ein funktionierendes Gemeinwohl. Doch setzten sie diese Forderung in den Solidaritäts-Kontext. Sie argumentierten, dass es nicht sein könne, dass der aus Westdeutschland alimentierte Osten bevorzugt werde. Der Solidarpakt wurde 1995 im Rahmen des Länderfinanzausgleichs eingeführt, um dafür zu sorgen, dass sich die Lebensverhältnisse in Ost- und Westdeutschland angleichen. Weil nun aber Teile von Nordrhein-Westfalen immer mehr in eine Strukturkrise gerieten und gleichzeitig weiterhin verpflichtet waren, Geld gen Osten abzugeben, entstand 2012, angeführt durch die ehemalige Ministerpräsidentin Hannelore Kraft, eine Neiddebatte, die ihr selbst aus den eigenen Reihen Kritik einbrachte.

Wie kann es sein, dass wir noch immer dort stehen, wo wir kurz nach der Wende standen? Statt Ost und West weiter gegeneinander auszuspielen, statt Neid und Missgunst zuzulassen, sollten wir endlich aneinanderrücken. Und die Herausforderungen, wie Ilko-Sascha Kowalczuk, als »große Chance« begreifen: »[D]ie Leute aus dem Ruhrgebiet mit der Lausitz ins Gespräch zu bringen. Zu sagen: Hört doch mal auf mit eurem Ost-West. [...] Unsere Ähnlichkeiten sind doch viel größer als unsere Differenzen.«

1989 schafft Deutschland ein Wunder, dreht einige Tage ein bisschen durch. Fast die ganze Welt jubelt noch, als in Westdeutschland schon stirnrunzelnd nachgerechnet wird. Sind nur wir Deutschen in der Lage, uns so eine Party zu versauen? Und zwar mit einem derart gründlichen und nachhaltigen Effekt. Es gibt keine historischen Vergleiche, aber die Vorstellung, die Südkoreaner:innen würden ihre nordkoreanischen Brüder und Schwestern nach einigen Wochen belehren, dass der Süden ein bisschen anders ticke und man sich dementsprechend ranhalten müsse – sie mutet befremdlich an. Vielleicht wäre es uns aus der Distanz leichter gefallen zu fragen: Wieso sehen die eigentlich nicht die Einmaligkeit des Augenblicks und ergreifen die Chance, auf Augenhöhe zusammenzuwachsen? Sicher, eine konstruierte Frage der Wissenden in der Gegenwart. Aber sie liegt so nahe.

»Du Opfer«

»In weiten Teilen Ostdeutschlands existiert eine spezifische Opfermentalität, das Gefühl, zu kurz gekommen zu sein, und so etwas wird politisch schnell explosiv.« (*Deutschlandfunk* im März 2018)

»Im Osten hat die Linke ihre Heimat als Kümmerer und mehr noch als Pflegerin der Opfer-Mentalität eingebüßt. Letztere Aufgabe hat jetzt die AfD übernommen.« (*Bayerischer Rundfunk* im Oktober 2021)

»Das große Mimimi: Männer begreifen sich als Opfer von Antisexismus, Ostdeutsche als Leidtragende der Wiedervereinigung [...].« (*Zeit Online* im Mai 2018)

Bis heute ist die Opfermentalität fester Bestandteil der Ost-West-Debatte. Schon semantisch ist sie eine kleine Gemeinheit: Nicht nur deshalb, weil der Ausdruck suggeriert, es sei eine von Ostdeutschen bevorzugte Lebenseinstellung, sich als schwach und hilfsbedürftig zu empfinden. Der Begriff verallgemeinert und diffamiert rund 16 Millionen Menschen. Zudem erschwert er jede Form der sprachlichen Kommunikation. »Jetzt komm' doch mal aus deiner Opferrolle raus« ist ein Totschlagargument. Was soll man auf so einen Vorwurf antworten? »Danke für den Hinweis« ist jedenfalls das Letzte, was einem dazu einfällt. Stattdessen fühlt man sich verletzt und beschämt, und wird, je nach Persönlichkeit, entweder wütend und laut, oder man schweigt lieber ganz. Wir kennen diese Beleidigungen vom Schulhof, sie funktionieren später auch im Berufsleben. Und sogar in höheren Bildungskreisen ist es nicht geächtet, beim Kampf um die Deutungshoheit dem Gegenüber die Opferrolle zuzuweisen.

Wie das in der Praxis geht, zeigte ein Streitgespräch zwischen dem aus Jena stammenden Autor und Dramaturgen Thomas Oberender und dem in Freiburg im Breisgau geborenen Politologieprofessor Tilman Mayer.[21] Es ging dabei um die Bewertung der Deutschen Einheit. Oberender hatte angemahnt, dass Ostdeutschen im Einheitsprozess »Stolz und Biographie« genommen wurden und dass der Westen nach wie vor die Rezeption der gemeinsamen Geschichte bestimme. Dazu nahm er im Gespräch Stellung: »Ja, diese Geschichte einer gefühlten Lächerlichmachung oder Abwertung der eigenen Lebensgeschichte teilen viele Ostdeutsche mit anderen Migranten. Nur dass sie sozusagen im eigenen Land das Land gewechselt haben. Die Rekonstruktion des Berliner Stadtschlosses ist ein Akt der Geschichtspolitik, die das Experiment des Sozialismus in Deutschland, also die gesamte Geschichtsepoche der DDR, auf einer symbolischen Ebene für nichtig erklärt. Vielleicht hätte man an dieser Stelle eher ein wirkliches Denkmal der Deutschen Einheit bauen sollen, einen Palast der gemeinsamen Zukunft. Aber so dominiert, zumindest in meiner Generation, die Tilgung.« Der westdeutsche Politologe antwortet darauf: »Ich habe kein Problem mit dem Abriss eines Gebäudes, das symbolisch einen Staat repräsentierte, der seine Bürger:innen unterdrückt hat. […] Ich würde auch nicht so weit gehen, zu behaupten, dass man den Ostdeutschen ihren ›Stolz und ihre Biographie‹ genommen habe. Da steckt mir zu viel Opfermentalität drin. Sie betonen mir zu sehr das Trennende, anstatt Prozesse zu sehen, die wir gemeinsam geleistet haben. Zudem muss man das im Kontext der osteuropäischen Staaten sehen. Auch dort gab und gibt es Übergangsprobleme hin zu einer modernen demokratischen Gesellschaft.«[22]

Die Abwertung, die in dem Begriff »Opfermentalität« steckt, wirkt sofort. Zunächst einmal trägt sie dazu bei, das Gespräch auf Augenhöhe subtil zu unterlaufen. Wer jemandem die Opferrolle zuweist, stellt sich moralisch über ihn. Im zweiten Schritt wird das Opfer der Lächerlichkeit preisgegeben, sein Anliegen als larmoyant und unberechtigt abgetan. Und damit findet keine weitere Auseinandersetzung statt, denn die Argumentation ist an diesem Punkt beendet. Im Ohr bleibt nur eines: Hör doch endlich auf zu jammern!

Die klinische Psychologie beschäftigt sich mit dem Thema ernsthafter, als es die Politik je tun könnte. Der Opferkomplex wird nicht als alberne Attitüde eigener Bequemlichkeit abgetan, sondern laut der Ärztin und Psychotherapeutin Dunja Voos als »nicht zu erfüllende Sehnsucht nach Mitgefühl und Aufgefangenwerden«[23] definiert. Ein Persönlichkeitsmerkmal von Betroffenen ist etwa die tiefe Überzeugung, ständig Opfer schädlicher Handlungen anderer zu sein. Es würde hier zu weit führen, den Ursachen dieser psychischen Beeinträchtigung in all ihren Facetten auf den Grund zu gehen, aber sie ist gemäß Voos oft eine Folge traumatischer oder einschneidender persönlicher Erfahrungen – man wird eben nicht mit einer Opfermentalität geboren.

Ilko-Sascha Kowalczuk hat eine solche einschneidende Erfahrung gemacht, die ihm lange nachging: »Ich bin zwanzig Jahre lang mit einem schlechten Gewissen durch die Welt gelaufen, das wurde von Jahr zu Jahr größer. Weil ich dachte, die Schuld lag bei mir. Denn ich hatte mich ja mit den Kommunisten eingelassen.« Kowalczuk war in einem systemtreuen Elternhaus aufgewachsen und beschloss im Alter von

12 Jahren, Offizier der Nationalen Volksarmee zu werden. Mit 13 Jahren ist er dann verpflichtet worden, überlegte es sich aber ein Jahr später anders. Eine Entscheidung, die nicht folgenlos blieb, wie er berichtet: »Man hat mich über ein Jahr lang, Woche für Woche vor Kommissionen gezerrt. Ich musste mich oft stundenlang im Stehen rechtfertigen, warum ich nicht mehr das Land verteidigen möchte. Das letzte Gespräch fand in einem Wehrkreiskommando statt, die SED war dabei, die Stasi war dabei, die NVA, die Schulleitung war dabei. Alle haben mich angeschrien. Meine Mutter stand an meiner Seite. Das Geschrei waren die üblichen Floskeln: Wissen Sie, was Sie diesen Staat bereits an Ausbildung gekostet haben! Ich war völlig aufgelöst und habe gesagt, dass der Staat mir eine Rechnung schreiben solle und ich ihm alles auf Heller und Pfennig zurückzahlen werde. Wir wurden mit den Worten rausgeworfen, dass wir über kurz oder lang in den sozialistischen Gefängnissen landen würden. Ich war mit 13 ein hoffnungsvoller Kader, mit 15, als ich rauskam, ein Staatsfeind.«

Kowalczuks Geschichte ist kein Einzelfall. Von dem Gefühl, hilflos einer Situation ausgesetzt zu sein, berichtete eine Mutter von zwei Söhnen, die während der Demonstrationen am 40. Jahrestag der DDR in die Proteste gerät, in einem damals angefertigten Gedächtnisprotokoll: »Mein 12-jähriger Sohn wird wohl diesen 40. Geburtstag nie in seinem Leben vergessen […] Um ca. 20.00 Uhr bin ich mit meinem Sohn noch etwas spazieren gegangen. [...] Als ich mit meinem Sohn in die Lychener Str. einbog, war dort alles von Volkspolizisten abgesperrt. [...] Plötzlich wurde in der Stargarder Str. ein Jugendlicher von mindestens 6 Polizisten mit Knüppeln geprügelt. Dieser Jugendliche schrie so herzzerreißend, daß man unwillkürlich stehen blieb. Dann kam die VP mit dem Kommando ›einfangen‹ oder so ähnlich. Mein Sohn wurde am Ärmel gerissen und auf ein bereitstehendes VP-Lastauto gezerrt und ich gleich hinterher. Ich habe diese Leute darauf hingewiesen, daß es ein Kind von 12 Jahren sei. Aber diese Leute von der VP waren taub. Wir wurden dann mit mehreren Autos auf irgendein VP-Revier transportiert. Dort mußten wir einzeln unsere Personalien ansagen und die Personalausweise abgeben. Auch dort habe ich die VP darauf hingewiesen, daß ich ein Kind von 12 Jahren bei mir habe, wieder keine menschliche Reaktion. Vor den Augen des Kindes wurde ein Mann auf dem Hof von der VP ins Gesicht geschlagen und mit Knüppeln von drei weiteren VP geprügelt. Mein Sohn weinte die ganze Zeit und hatte furchtbare Angst, auch solche Prügel zu beziehen. Er flüsterte mir öfter voller Angst zu ›Mutti, bitte sei ruhig, Mutti, bitte sage nichts‹. Dann mußten wir, ich weiß nicht wie lange, in einer Garage mit dem Gesicht zur Wand stehen. Später wurde ich zusammen mit meinem Sohn von der Kripo oder Stasi verhört, und es wurde ein zwei Seiten langes Protokoll geschrieben. Inzwischen war es bereits ca. 24 Uhr. Anschließend mußten wir wieder in dieser Garage mit dem Gesicht zur Wand stehen. Später, ca. um 1.00 Uhr, mußten wir wieder auf die LKW der VP. Danach wurden wir in die Haftanstalt nach Rummelsburg gefahren. Mein Sohn hat auf diesem offenen LKW gefroren, war übermüdet und total verängstigt. Eine Stunde saßen wir auf diesem kalten LKW, bis man mich mit meinem Kind rausholte. Dann wurde mein Kind wie ein Schwerverbrecher mit der Nummer 48 auf der Brust fotografiert und registriert. Nachdem man meine Personalien nochmals aufgenommen hatte, wurde dann entschieden, daß ich mit meinem Sohn nach Hause darf. Es war inzwischen 3.00 Uhr, und wir befanden uns in Rummelsburg. Ich hatte kein Geld bei mir, und die öffentlichen Verkehrsmittel fuhren zu dieser Zeit auch nicht. Ein fremder Autofahrer fuhr uns dann bis vor unsere Haustür.«[24]

Wenn Westdeutsche Ostdeutschen Jammerei vorwerfen, dann wird auf solche einschneidenden Erfahrungen keine Rücksicht genommen. In der Medizin sind die Folgen der politischen Repression in der DDR mittlerweile weithin bekannt. Schätzungsweise 300 000 Menschen wurden aus politischen Gründen inhaftiert, besonders nach der Wende kam es im Zuge der Stasi-Aufarbeitung zu gesellschaftlichen Verwerfungen. Die Erfahrungen führten nicht nur zur kollektiven psychischen Traumatisierung, sie formten auch die Persönlichkeit der Einzelnen und sind mitverant-

wortlich für die sogenannten Anpassungsschwierig-
keiten an die westliche Lebensweise.[25]

Auch Ostdeutsche selbst kritisieren in Politik und
Medien eine vermeintliche Opfermentalität, aber der
Kontext ist hier in der Regel ein anderer. Der Komplex
wird als Hindernis verstanden, sich selbst zu behaupten und die eigene Lebensleistung anzuerkennen. »Das
Problem der Selbstanerkennung in Ostdeutschland ist
eklatant«, resümiert Kowalczuk in diesem Zusammenhang. Anerkennung sei »komplementär zur Selbstanerkennung«. Solange sich Ostdeutsche nicht selbst für
ihre Leistungen anerkennen, brauchen sie demnach
vom Westen keine Anerkennung zu erwarten.

Kommt Kritik an einer vermeintlichen Opferrolle
von westdeutscher Seite, dann schwingt dabei oft der
Vorwurf mit, keine Verantwortung für das eigene Leben zu übernehmen. Statt selber anzupacken, werde
gemeckert und gefordert. Hinzu kommt, dass dies
gerne in Zusammenhang mit den Erfolgen der AfD
im Osten und einer angeblichen Demokratiefeindlichkeit gestellt wird. Gemäß der westdeutschen Erzählung »wissen die nicht, wie Demokratie geht«.
Das sagt man den Leuten, die die Demokratie auf der
Straße erkämpft haben. Den schätzungsweise bis zu
400 000 Menschen, die im Herbst 1989 an den Montagsdemonstrationen in Leipzig, Dresden, Halle und
vielen anderen Städten der DDR teilnahmen und
damit Teil der Friedlichen Revolution waren, die am
15. Januar 1990 in Leipzig auf Flugblättern dazu aufge-

rufen hatte, die »demokratischen Erneuerung unserer Gesellschaft« voranzutreiben.[26]

Die Kopfschüttelei über diese vermeintliche Demokratiefeindlichkeit erhält umso mehr Nahrung, sobald Kronzeug:innen mit ostdeutschem Hintergrund auftauchen, die diese Vorstellung stützen. Ein Beispiel dafür ist der CDU-Politiker Marco Wanderwitz. Der ehemalige Ostbeauftragte der Bundesregierung bezeichnete 2021 wiederholt und zur Verärgerung vieler seiner Parteikolleg:innen einen Teil der Ostdeutschen als demokratiefern.[27] Das passte ins westdeutsche Narrativ, dass das Problem spezifisch ostdeutsch sei. Und während westliche Journalist:innen Wanderwitz' Aussage unterstützten, schlug ihm nicht nur in seinem sächsischen CDU-Heimatverband laute Kritik entgegen. Die *Berliner Zeitung* nahm unter anderen Stellung und schrieb, dass die Thesen des Ostbeauftragten »falsch und irreführend«[28] seien.

Ein Gedankenexperiment für Westdeutsche: Versetzen Sie sich in einen Menschen hinein, der in der DDR aufgewachsen ist. Sie konnten aus politischen Gründen nicht studieren, obwohl das ein großer Lebenstraum von Ihnen gewesen ist. Sie mussten stattdessen eine handwerkliche Ausbildung machen. Kurz nach dem Mauerfall wurde der Betrieb, den Sie sich aufgebaut hatten, liquidiert. Sie waren eine Zeitlang arbeitslos, schafften dann aber noch eine Umschulung zum Sachbearbeiter – ein Beruf, der nichts mit Ihren eigenen beruflichen Vorstellungen zu tun hat. Und jetzt, mit Ende fünfzig, finden Sie keine Anstellung mehr. Das Jobcenter hat hier und da noch ein paar Ideen für Geringbeschäftigte. Gestern haben Sie Straßengrün entfernt.

Eine Erwerbsbiographie, die für die Menschen aus Ostdeutschland gar nicht untypisch ist. Wir stellen uns weiter vor, dass Sie sich in einem Wohnzimmer in irgendeiner ostdeutschen Stadt mit wunderschön renoviertem Marktplatz befinden, bei der letzten Bundestagswahl das Kreuz nicht bei der AfD gemacht haben (wie übrigens achtzig Prozent der ostdeutschen Bevölkerung), und Ihnen für die letzten zehn Tage des Monats noch 150 Euro bleiben. Sie sitzen am Frühstückstisch und schlagen die Zeitung auf, etwa die *Frankfurter Allgemeine Zeitung*, und lesen ein Interview mit Walter Momper, dem aus einer Kleinstadt nahe Bremen stammenden Ex-Bürgermeister von Berlin, der zum 30. Jahrestag des Mauerfalls den Ostdeutschen Folgendes mit auf den Weg gibt: »Jedes Jahr vor dem 3. Oktober kommen die Ostdeutschen wieder und sagen, wir fühlen uns schlecht behandelt.«[29]

Na, wie fühlt sich das an? Nach Wertschätzung und Anerkennung? Fühlen Sie sich nun motiviert, Verantwortung für Ihr eigenes Leben zu übernehmen? Wohl kaum. Doch das ist noch nicht alles. Auf das Gefühl der Bevormundung, dass viele Menschen im Osten Deutschlands verspüren, antwortet Momper: »Ich weiß nicht, wie die sich die Freiheit vorgestellt haben, ob jeder hier nur das machen kann, was er für richtig hält.«[30] Der damalige Bundestagspräsident Wolfgang Schäuble schreibt im selben Jahr in einem Gastbeitrag der *taz*: »Mancher pflegt geradezu den eigenen Opferstatus, statt selbstbewusst darauf zu verweisen, den Menschen im Westen eine wertvolle Erfahrung vorauszuhaben: die Anpassung an massive gesellschaftliche Umwälzungen.«[31] Anpassung?

Das Problem dieser politischen Ausgrenzungen ist nicht nur, dass sie im Westen unwidersprochen bleiben, sondern auch, dass sie Beständigkeit haben. Seit der Wiedervereinigung brechen sie sich immer wieder Bahn – verletzend und herabwürdigend, gerne zu den Jahrestagen des Mauerfalls. Im Jahr 1999 dominierte in den Medien die Frage, weshalb der Osten trotz der 1,2-Billionen-Mark-Transferleistungen noch immer so rückständig sei. Das ZDF-Nachrichtenmagazin *Panorama* ließ den Hamburger Soziologen Thomas Roethe zu Wort kommen, der Ostdeutschen pauschal Faulheit und Raffgier vorwarf: »Mein Plädoyer für das Ende der Schonfrist heißt, dass wir endlich anfangen müssen, die Debatte zu führen, wie wir die ostdeutsche Bevölkerung dahin kriegen, dass sie endlich anfängt zu arbeiten.«[32] Eingeleitet wurde der Beitrag mit dem Satz, dass Roethe das ausspreche, was viele denken würden. Weitere Äußerungen des promovierten Wissenschaftlers erübrigen sich an dieser Stelle, sie sind ein Gemisch aus Beleidigungen und Herabwürdigungen. Die Moderatorin betonte zwar, dass der Beitrag polemisch und einseitig sei, aber diesem Buch eine Bühne zu bieten, dafür war man sich dann doch nicht zu schade.

Diese Kontinuität an medial präsentierter Diskreditierung von Menschen erinnert stark an Mobbing, das darauf abzielt, eine Person gezielt zu schikanieren und ihr seelisches Leid zuzufügen. Die Journalistin Anja Maier machte 2018 in einem *taz*-Beitrag ihrer Wut darüber Luft, wie sie als Ostdeutsche im Westen systematisch angefeindet wird: »Ich will mich eigentlich nicht mehr über alte Kamellen aufregen. Aber sorry, ich kann so schlecht vergessen, wozu ich lieber geschwiegen habe, um dazugehören zu dürfen. Nach der Wahl der Ostfrau Angela Merkel fand ein Kollege es beispielsweise witzig, mich fortan nur noch ›Angie‹ zu nennen. Kennste eine, kennste alle. […] Und als es Brandenburg, wo ich lebe, vor Jahren mit fremdenfeindlichen Exzessen bis in die internationalen Schlagzeilen gebracht hatte, bat die taz ihre Leserschaft um die Schilderung ihrer privaten Thrills. Ich habe noch mal im taz-Archiv nachgeschaut – ein Leser, der den Schutz der Anonymisierung genießen durfte, riet damals, sich ›am besten bewaffnet in diese Regionen zu begeben‹. Und eine Gabriele schrieb, sie habe ›mittlerweile schlicht und ergreifend Angst vor ›diesen Leuten‹.‹ In diesem *Bild*-Zeitungs-Sound ging es weiter und weiter. Und ja, jedes geschilderte Erlebnis war deprimierend. Trotzdem konnte ich nicht anders, als den sie Schildernden zu misstrauen. Waren das nicht ebenjene Leute, die am Wochenende durch meinen Vorort zogen, auf der Suche nach einem Schnäppchen im Grünen? Sind das nicht die, die in der Uckermark die Katen gekauft haben, um sich dort fortan als Wochenendgäste über die billig sanierten Häuschen der Einheimischen zu mokieren? Auch ich mag denkmalgerecht renovierte Häuser lieber statt blau gedeckter Dächer. Aber es kotzt mich an, mit welchem Hochmut die Leute mit dem Geld und diesem monströsen Selbstbewusstsein des immer schon im Recht Gewesenen in den Osten kommen, um ihre Standards zu setzen. Wie sie über die Leute hier reden. Niemand von ihnen verfügt über jene Umbruch-Erfahrung, die die Ostdeutschen gemacht haben. Im Gegenteil, für die Westdeutschen sind mit dem Fall der Mauer nur noch ein paar Möglichkeiten hinzugetreten: Räume, Jobs, Gelegenheiten. Im Ernst, die Brüche und das Scheitern nicht nur naher Menschen, sondern ganzer Regionen und Branchen wünsche ich niemandem.«[33]

Man muss sich an dieser Stelle tatsächlich fragen, auf welcher individuellen Lebensleistung eigentlich das Selbstbewusstsein von uns Westdeutschen beruht. Es war ja zunächst einmal ein riesiges Glück, dass nach dem Ende des Zweiten Weltkrieges dem Teil Deutschlands, in dem wir groß geworden sind, überhaupt ein souveränes Existenzrecht zugestanden wurde. Dass ein Marshallplan für Wohlstand sorgte, dass uns eine

Demokratie verordnet wurde. Es hätte ab Mai 1945 auch anders laufen können. Woher kommt unser Überlegenheitsgefühl? Eine Demokratie mussten wir Westdeutsche uns nicht erkämpfen, wir und unsere Verwandten saßen auch nicht im Gefängnis für unsere Überzeugungen – und wenn doch, etwa bei den Groß-demonstrationen gegen das Kernkraftwerk Brokdorf oder die Startbahn West, dann immerhin in einem Gefängnis eines Rechtstaats. »Westdeutsche jammern auch 2022 noch über die Zumutungen der Wiederver-einigung« – wo bleibt diese Schlagzeile auf dem Titel einer ostdeutschen Zeitung?

»Bitte frag nicht,
woher ich komme«

Es ist das Jahr 2019. Jessica Barthel sitzt im Auto und wartet den Regen ab. Ihr Kind ist auf dem Rücksitz eingeschlafen, sie möchte es nicht durch den Regen tragen. Also warten. Die Fotografin ist nach Jahren in der bayerischen Provinz und einigen Jahren in New York wieder zurückgekehrt, nach Leipzig, in die Stadt, in deren Nähe sie Ende der Achtzigerjahre geboren ist. Im 30. Jubiläumsjahr des Mauerfalls, während der Regen aufs Autodach prasselt, hört Barthel dem Radiomoderator zu. Überall laufen Sondersendungen zur Einheit, auch hier – der Moderator fragt: »Na, wie war das jetzt damals: Konnte man den Keilriemen wirklich mit der Feinstrumpfhose ersetzen?« Es sind Sätze wie diese, die Barthel aufregen. Doch dieses Mal kommt das Adrenalin abrupt und geht nicht wieder weg. »Das ist es, was euch nach dreißig Jahren interessiert?« Sie brüllt es fast, es klingt, als hätten sich dreißig Nachwendejahre einmal kurz entladen.

Barthel entspringt einer kreativen Boheme, die

in den Nullerjahren entstanden ist. Fotograf:innen, Künstler:innen, Journalist:innen, Designer:innen aus Ost und West, die aus dem Nachwendeberlin eine neue Stadt erschufen. Man kennt sich, erschafft Kunststätten, Zeitschriften, Clubs und Mode. Barthel selbst geht nach New York, ihrem Sehnsuchtsort. Dass die DDR viel mehr war als Keilriemen und Trabi, das möchte Barthel erzählen. Und dass es reicht mit den Klischees.

Als der Regen nachlässt, läuft sie hoch in die Wohnung, setzt sich an den Computer und sucht nach dem, was sie sehen möchte: nach ostdeutschem Leben. Sie sagt: »Das wahre Leben in der DDR.« Sie sucht in Blogs, auf Facebookseiten, auf Tumblr, ob man etwas über das Alltagsleben in der DDR erfährt. Sie findet wissenschaftliche Seiten, historische Dokumente. Vieles, was Barthel als nicht zugänglich und nicht ansprechend genug empfindet. Alte Fotos, gemeinsame Erzählungen, Zeitzeug:innenberichte findet sie kaum. Einmal habe sie ein Foto aus einem Familienalbum gefunden. Aber wo war der ganze Rest? Es müsste etwas geben, was ganz leicht abrufbar ist, das war die Idee. Etwas, das die Lebensgeschichten der Menschen zeigt, mit denen Barthel aufgewachsen ist: den Menschen aus der ehemaligen DDR. Ihren Eltern. Tanten. Großeltern.

Sie eröffnet einen Instagram-Account und nennt das Projekt *Schwalbenjahre*.[34] Es ist ein wachsendes Fotoprojekt, das Menschen einlädt, ihre Geschichte anhand alter Fotoalben zu erzählen. Es ist ein Ort, der endlich Alltag zeigt. Und der zugänglich macht, was Ilko-Sascha Kowalczuk für wesentlich hält: »Wenn ich heute lese, was auch in meinem Forschungsgebiet in der DDR-Geschichte geschrieben wird, dann sind das alles ganz gute Strukturanalysen, aber das Fleisch fehlt, die menschliche, vielleicht auch psychologische Erfahrung.« Barthel nennt es ein »Erinnerungsportrait der DDR«. Es beleuchtet genau das, was viele Menschen mit Ostbiographie lieber verschweigen: die eigene Herkunft. »Menschen, die heute geboren werden, sind immer noch Ostdeutsche«, erzählt Barthel. Identität braucht Vergangenheit, um sich auf etwas zu beziehen. Und Identität ist eng mit der Herkunft verknüpft. Wenn sie verschwiegen, versteckt oder sogar vergessen wird, ist es, als ob man einen Teil seiner selbst vergisst. Immer wieder.

Es sind Menschen wie René Funke, die auf *Schwalbenjahre* ihre Geschichte erzählen. 1972 in Werdau geboren, der erste Eintrag ist eine Hommage an seine Geburt, vielleicht auch an seine Mutter: ein Ausweis für Schwangere und Wöchnerinnen. Der Ton ist, wie in Westdeutschland damals auch üblich, leicht befehlsartig: »Der Inhaberin dieses Ausweises ist in allen öffentlichen Verkehrsmitteln ein Sitzplatz anzuweisen, in öffentlichen Dienststellen und beim Einkauf bevorzugt abzufertigen, bevorzugt ärztliche Hilfe zu gewähren.« Dem rosafarbenen Stempel ist zu entnehmen: Kreis Werdau, Bezirk Karl-Marx-Stadt 1972. Unter dem Post sind Kommentare wie: »Bin schon gespannt! So als gebürtige Zwickauerin die Werdauer Geschichten zu lesen.« Und: »Wow, sowas gibt es doch in der westdeutsch-kapitalistischen BRD nicht, oder?«

Linda Kantchev erzählt von ihren Eltern, ihrer Mutter in Berlin und ihrem bulgarischen Vater in Sofia. Getrennte Eltern, eine Sehnsucht nach dem Vater, jahrelang. Der Vater wächst als Diplomatenkind auf, Lindas Eltern sind Anfang zwanzig, als sie sich kennenlernen. Eine Hochzeit 1982 in Disco Heels, in Brautkleid mit Schleifchen. Und einer weitgereisten Familie im Hintergrund. Mit einem Diplomaten als Großvater standen dem Vater von Linda viele Türen offen, wie sie selbst schreibt. Eine Kindheit in Burma, Partys in der bulgarischen Villa des Botschafters, Lindas Großvater. »In Rangun feierte man ohne Ende Partys, auch hier ohne Unterscheidung zwischen Ost und West. Den besten Whiskey konnten die Amerikaner besorgen, erzählt mein Opa. Im Gegenzug dazu gab es seltene, wertvolle Tomaten aus Bulgarien.«

Doreen Trittel lacht auf einem Bild in die Kamera. Kurze Haare, runde Brille, eine zarte Uhr am Handgelenk. Es ist 1986. Sie ist zwölf Jahre alt und häkelt ein Deckchen. Später wird sie diese Decke als Künstlerin auf eine Installation mit dem Titel »Schießen für den Frieden, Teil 2« setzen. Auf eine Zielscheibe. Jetzt, 1986, sieht sie sich als Russisch-Lehrerin. Es folgen Bilder vom Ostseebad Boltenhagen, von Spielzeug, von einer Minigolfanlage. Und immer wieder die suchenden, sehnsüchtigen Blicke von damals: »Mache ich mir über die Grenze Gedanken? Manchmal schaue ich auf den Horizont und frage mich, wie es in den anderen Ländern dahinter so ist. Aber ansonsten ist es für mich normal mit einer Grenze zu leben.« Doreen Trittel ist das Kind eines Stasi-Mitarbeiters. Davon weiß sie als Kind nichts. »Dass es die Stasi gibt und was das ist, das erfahre ich erst unmittelbar nach dem Mauerfall. Dass mein Vater dort arbeitet? Das wird mir wiederum erst mehr als 20 Jahre später bewusst«, schreibt Doreen. Als sie 1990 in einem Ferienlager jobbt, besucht sie einen Freizeitpark im Westen. »In einem kurzen Gespräch mit einem gleichaltrigen Mädchen verheimliche ich, dass ich aus Ostberlin komme. Ich bemühe mich, hochdeutsch zu sprechen.«

Henriette Kriese, noch in der DDR geboren, aber durch die Nachwendezeit geprägt, wie sie schreibt, lebt heute in der San Francisco Bay Area und arbeitet als Fotografin. Ihre Eltern lebten in Erfurt, dort wurde Kriese auch geboren. Ihre Altbauwohnung strahlt Geborgenheit aus, überall Pflanzen, und es gibt einen Schrebergarten. Bilder von Wanderurlauben, von Müttern und Vätern mit Babys im Arm, die erste Wohnung der Eltern. Der Großvater auf einem Bild im Frack, als Orchestermusiker. »Und damals noch Raucher von Filterlosen«, schreibt Kriese. Man war mobil ohne Auto, innerhalb der sehr aktiven Umweltbewegung, wie Kriese erzählt. Auf dem Foto sieht man ihren Vater mit dichten Locken und Kind auf dem

Fahrrad. Auf dem nächsten Bild: der Ostermarsch von 1991 in Erfurt. Hashtag #friedenistmöglich.

Thomas Alperstedt schreibt: »Zum Waschen hatten wir West-Lux-Seife. Sie roch nach Kapitalismus und Freiheit. Im Intershop roch es genauso. Wenn das Shampoo ausging nahmen wir Fit, unser Geschirrspülmittel. Die West-Verwandten halfen uns sehr viel. Jedes Jahr kamen sie zu Besuch. Als erstes mussten sie zur Polizei zum Zwangsumtausch, ihr Aufenthalt kostete 25 DM am Tag. Kinder zahlten nix. Für uns gab es immer viele tolle Anziehsachen oder Ahoj-Brausepulver, Liebesperlen, Kaugummikugeln, Schokozigaretten, dann kamen da noch die vielen Westpakete dazu. Die Westpakete wurden meistens von der Stasi oder vom Zoll geöffnet. Ich frage mich bis heute, wie unsere Verwanden das immer alles finanzieren konnten. Ich war immer sehr dankbar für die viele Hilfe und hab es bis heute nicht vergessen. Unsere Welt wurde bunter. Wir gaben, was wir konnten: Briefmarken, Nordhäuser Doppelkorn, Kristall aus der ČSSR oder Nussknacker.« Unter einem anderen Bild beschreibt er seine Großmutter, die in Rock und mit Bluse auf einem Stuhl sitzt und skeptisch in die Kamera guckt: »Oma Gertrud 1976 ein lieber, fleißiger Mensch ein Flüchtling aus Schlesien die ihre 5 Kinder alleine durchbringen musste. Ihr Mann auf der Krim im Krieg vermisst. Oma dachte noch bis ins später Alter, unser Opa würde eines Tages vor ihrer Tür stehen. Wie schrecklich muss es gewesen sein, immer zu

hoffen. Meine Mutter dachte oft als Kind, große blau-
äugige Männer, die sie auf der Straße sah, könnten ihr
Vater sein. Omi war oft guter Laune, sie hatte immer
ein Stückchen West-Schokolade für mich. Das kleine
Stück behielt ich lange im Mund bis es geschmolzen
war. Für mich war es was ganz Besonderes.«

Diese Geschichten sind nicht Teil meiner westdeutschen Geschichten – und doch sind sie genau das. Ich
habe sie vermisst. Es sind Geschichten von den Gärten
unserer Großeltern in den Siebzigerjahren, in denen
die Plastikstühle im Sommer unverkennbar rochen
und der Erdbeerkuchen auf dem gedeckten Kaffee-
tisch stand. Es sind Geschichten von gemeinsamen
Kindertagen zwischen mit Wasser gefüllten Wäsche-
wannen zum Plantschen und einer Großmutter, die
immer im Einsatz war: an der Mangel, in der Küche,
mit den Kindern. Es sind eben nicht die Holzschnitte,
die immer wieder medial bedient werden: der Arbeiter
im Plattenbau, der Nachbar, der von der Stasi bespit-
zelt wurde, der eifrige Genosse. »Oft muss ich mehr-
mals nachhaken«, erzählt Barthel, »besonders bei der
älteren Generation. Die sagt: Es gibt doch überhaupt
nichts Interessantes über mein Leben. Und dann, wenn
ich nachfrage, kommt ganz viel. Einer sagte: ›Ach ich
hatte ja ein Leben, eine richtige Lebensgeschichte.‹«
Identität braucht Vergangenheit, um sich auf etwas
zu beziehen. Wer ist man, woher kommt man? Ins-
besondere die jüngere Generation, die Nachwende-

kinder, die ab 1980 geboren sind und zwischen DDR und Bundesrepublik aufgewachsen sind, bräuchten diesen Bezug, so Barthel. Auf einer Party in München vor zwei Jahren erinnerte sie ein Freund dann wieder daran, was es heißt, qua Geburt »anders« zu sein. Er hatte sich verliebt und grinste über beide Ohren: »Sie ist Ostdeutsche.« Er ließ eine Pause. Dann ergänzte er: »Aber sie reist total viel.« Es war ihm peinlich, eine Freundin zu haben, die aus dem Osten kommt.

Ganz egal, mit wem ich gesprochen habe, Leipziger:innen, Dresdner:innen, Erfurter:innen, Akademiker:innen, Angestellte, Student:innen, arm, reich, alt oder jung – fast jede:r von ihnen hatte schon einmal die eigene Herkunft verschwiegen. Auch Jessica Barthel erzählt, dass sie im Inneren schon gebetet hat: »Bitte frag nicht, woher ich komme.« Um sich nicht wieder und wieder erklären zu müssen. Wo aufgewachsen, wann geflohen, die letzten Jahre in New York? »Weil mir anscheinend niemand ansieht, woher ich komme«, sagt sie, bekomme sie gerne mal versteckte Diskriminierungen mit. Und: »Irgendwann habe ich die Antwort gegeben, von der ich dachte, dass die Leute sie erwarten.«

Und was ist mit denjenigen, die nach 1990 geboren sind? Auch sie kennen das Gefühl, sich nicht erklären zu wollen. Einer von ihnen ist Gregor. Er wurde im Laufe seiner Jahre in Münster, der Stadt, in der er studierte, zu Greg, der aus den USA stammt und einen Vater hat, der in Kalifornien lebt. Den Bezug zur ehemaligen DDR, zur eigenen Herkunft, hatte er nicht nur verschwinden lassen. Er wurde durch den Amerikabezug sogar noch westlicher als seine westdeutschen Freunde. Gregors Geschichte ist eine Geschichte der Nachwendekinder, die in einem vereinten Deutschland aufgewachsen sind und dennoch als Ostdeutsche bezeichnet werden. Einige von ihnen zeigen ihre Herkunft heute mit Stolz, wie Valerie Schönian mit ihrem Buch *Ostbewusstsein*.[35] Doch letztlich werden auch viele Nachwendekinder noch diskriminiert. »Man muss häufig den Stereotyp brechen, den dein Gegenüber im Kopf hat«, erzählt Barthel. »Eine Verwandte ist als Dozentin an einer Universität angestellt. Sie kämpft seit Jahren mit dem Vorurteil, dass Ostdeutsche keine Akademiker seien. Und nicht weltoffen sind.« Anscheinend gebe es da ein klares Bild in den Köpfen, dem sie nie entsprach.

Manchmal ist es auch eine Zuschreibung, die diskriminierend ist. Das Wort »ostig« ist so eine. Als Barthel als Fotografin an einer Produktion arbeitet, begegnet ihr das Wort immer wieder. Und eine Kollegin, die sich daran stößt. Aber die hört erst einmal zu. Denn niemand erkennt, dass es sie stört. Durch ihren Migrationshintergrund ist sie scheinbar nicht als Ostdeutsche erkennbar. Barthel erzählt: »Sie ist eine Undercover-Agentin für Ostdeutsche. Immer dann, wenn andere über Ostdeutsche herziehen, kann sie zuhören.« Und es wurde hergezogen, aber subtil: Die

Location der Fotoproduktion, in einer Stadt im Westen, sollte »ostig« aussehen. »Sag mal, was ist eigentlich mit diesem ›ostig‹?«, fragte die Kollegin irgendwann. Den Anderen war es klar: etwas veraltet, aus der Mode gekommen, vergilbt, trostlos. Barthel und ihre Kollegin äußerten, dass sie es als unangenehm empfinden, wenn diese Bezeichnung im professionellen Arbeitsumfeld benutzt wird. »Den Auftraggebern war es total peinlich. Sie haben sich hundert Mal entschuldigt. Ihnen wurde es in dem Moment erst bewusst. Sie haben es eingesehen und sich danach schrecklich gefühlt. Das gleicht es dann so ein bisschen aus. Die Leute schämen sich eigentlich immer und gestehen es sich ein, bin noch nie jemanden begegnet, der gesagt hat, alle Ostdeutschen sind dumm, hässlich und arm.« Und Barthel fügt hinzu: »Sie hatten diese Idee im Kopf, was ›ostig‹ sein sollte. Wer wir sein sollten.«

Die amerikanische Publizistin Isabel Wilkerson erzählt in ihrem Buch *Caste: The Lies That Divide Us*, wie die amerikanische Gesellschaft nach einem Kastensystem aufgebaut ist.[36] Das erscheint zunächst ungewöhnlich, ist doch »Kaste« ein Begriff, den wir vor allem aus der indischen Gesellschaft kennen, in der die Kaste den durch die Geburt zugewiesenen Platz in der Gesellschaft beschreibt. Doch Wilkerson sieht dieses System auch in westlichen, demokratischen Gesellschaften. Unabhängig von Hautfarbe, Klasse oder Geschlecht sind wir, so Wilkerson, durch eine tief verwurzelte Hierarchie geprägt. Eine Kaste definiert Wilkerson als künstliche, willkürliche Einordnung des Wertes eines Menschen. Und diese Einordnung beeinflusst nicht nur das Ansehen, den Rang, die Einschätzung der eigenen Intelligenz und der Schönheit, sondern ebenso den Zugang zu Ressourcen, Arbeitsplätzen, Geld und Wohnraum etwa. Sie definiert den Platz, den man in der hierarchisch strukturierten Gesellschaft einnimmt. Mit dem Ziel, dass die dominierende Gruppe ihren Status aufrechthält.

Dieser Platz wird einem immer wieder deutlich gemacht, so Wilkerson, zum Teil auf brutale Weise. Wilkerson führt in diesem Zusammenhang den Mord an dem 17-jährigen afroamerikanischen Schüler Trayvon Martin an. Er wurde 2012 von einem Wachmann auf dem Gelände einer Wohnanlage erschossen, weil er diesem aufgrund seiner Hautfarbe und dem Tragen eines Hoodies verdächtig erschien. »Es gibt bestimmte Orte, an denen bestimmte Menschen nicht erwartet werden«, erklärt Wilkerson in einem Interview. »An diesem Ort hat man einen wie ihn (Trayvon Martin) nicht erwartet, es war dem Täter nicht nachvollziehbar, dass er dort (in der Wohnanlage) war.« Deshalb stand dieser unbewaffnete, unschuldige Teenager unter Verdacht, er wurde verfolgt und später in einem Handgemenge mit dem Wachmann erschossen.

Eine Person, die in eine gesellschaftlich untergeordnete Kaste hineingeboren worden ist, kann an ihren Platz aber auch subtil erinnert werden. Durch verschlossene Türen, durch Spott, durch Häme. Durch fehlende Repräsentation. Als Wilkerson das amerikanische System mit dem indischen Kastensystem und dem in der Zeit des Nationalsozialismus vergleicht, gibt es auf der einen Seite Kritik, auf der anderen Seite überschwängliches Lob. Amerika sei ein freies Land, ein Land unbegrenzter Möglichkeiten, stellt Oprah Winfrey in ihrem Buchclub fest. Wie kann es dann sein, dass Menschen wie sie selbst, fragt Winfrey, aufsteigen konnten? Eine Kaste, erwidert Wilkerson, beschreibt nicht das, was wir im Leben leisten, sondern unsere Herkunft.[37] Man sei in seine Kaste hineingeboren, in einen Platz, der bereits über Generationen festgeschrieben wurde. Ein Kastensystem ist die Infrastruktur, die Grundlage einer geteilten Gesellschaft. Aus der man sich selbst nicht befreien kann.

Es gibt stereotype Zuschreibungen über Ostdeutsche, die sie daran hindern, am Leben so selbstverständlich teilzunehmen wie Westdeutsche. Das zeigt sich in einem »Ossi« am Seitenrand einer Bewerbung, wie es die Buchhalterin Gabriela S. erlebte, als sie sich bei einem Unternehmen in Stuttgart bewarb. Neben dem »Ossi« hatte jemand ein Minuszeichen notiert und das Wort »DDR«. Gabriela S. war vor der Maueröffnung aus der DDR ausgereist. Sie hatte gegen die Benachteiligung auf Entschädigung geklagt und verloren. Die Bezeichnung »Ossi«, so das Arbeitsgericht Stuttgart in einer Stellungnahme, könne zwar diskriminierend gemeint sein und/oder so empfunden werden, sie erfülle jedoch nicht das Merkmal der ethnischen Herkunft im Sinne des Allgemeinen Gleichbehandlungsgesetzes: »Ziel des Gesetzes ist es, Benachteiligungen aus Gründen der Rasse oder wegen der ethnischen Herkunft, des Geschlechts, der Religion oder Weltanschauung, einer Behinderung, des Alters oder der sexuellen Identität zu verhindern oder zu beseitigen.«[38]

Ostdeutsch zu sein, reicht nicht. Es darf diskriminiert werden. In den USA gibt es mittlerweile die Black-Lives-Matter-Bewegung und deutliche No-Gos, um Diskriminierungen zu verhindern. Über Ostdeutsche darf noch immer gewitzelt werden. Es ist eine beeindruckende Leistung Wilkersons, von den blinden Flecken der amerikanischen Geschichte zu erzählen, die die Gegenwart beeinflussen – und davon, dass die amerikanische Freiheit eine Lüge ist. Die blinden Flecken der Wiedervereinigung müssen wir erst noch erkennen.

Von Beginn meines Lebens an wurde mir die Geschichte von den zu bemitleidenden Menschen in der DDR erzählt. Von der Stasi. Von den Mauertoten. Von fehlenden Lebensmitteln, langen Schlangen vor den Geschäften und jahrelangem Warten auf Möbel, eine Garage, eine Wohnung – eine Möglichkeit. Auch wenn es häufig der Wahrheit entsprach, reduziert es doch das Leben in einer sozialistischen Diktatur auf die Umstände, die diese hervorgebracht hat. Kurz:

Es entsprach nicht dem Leben eines Menschen in der DDR. Dazu gehören Familie, Freundinnen und Freunde, dazu zählen kleine Momente genauso wie die ganz großen. Ebenso wenig reicht eine Geschichte wie die der Strumpfhose als Keilriemen, um über die Menschen in der DDR zu sprechen. Diese Erzählung hat mir ein Bild von einem besser gestellten, moralisch überlegenen, kultivierteren westlichen Menschen übermittelt. Es ist nicht nur die alltägliche Diskriminierung, die Ostdeutsche erfahren, es ist die Rolle, die ihnen zugeschrieben wird: Die Opfer. Die Unwilligen. Die Störrischen. Es ist kein Zufall, kein Lapsus, keine Nachlässigkeit, dass Ostdeutsche in den deutschen Eliten fehlen. In Medien, Wirtschaft, Politik und anderen. Es ist ein strukturelles Problem. Ein System, das es zu überwinden gilt.

Schuld

»To be complicit« heißt es auf Englisch, wenn man sich mitschuldig gemacht hat. Doch im Englischen fehlt die Schuld, die »guilt«; man ist: Komplize. Nicht schuldig sein, aber Komplize – geht das überhaupt?

Andreas und ich lernten uns 2003 in einem Berliner Hinterhofbüro kennen. Große Gebäude, eine ehemalige Fabrik, mit diversen A-, B-, und C-Aufgängen. Die Agentur, für die ich arbeitete, hatte ein großes Loft gemietet. Eiermanntische hintereinander in einem weißgestrichenen Raum, neue Macs, in der Küche eine Playstation, es war die erste Dotcom-Zeit. Ich kam gerade aus Barcelona, wo ich für mehrere Monate gearbeitet hatte. Andreas hatte ganz hinten in der letzten Reihe seinen Schreibtisch, er gehörte nicht direkt zur Agentur, sondern hatte sich als Fotograf eingemietet. Einer meiner Kollegen, der aus Hamburg kam, stellte ihn mir vor: »Das ist Andreas, Kumpel von mir.« Wir lächelten uns zu und ich fragte: »Kommst du auch aus Hamburg?« »Ne«, sagte Andreas. »Ich bin Ossi. Sechzehn Jahre Plattenbau«, und gab mir die Hand.

Nach mehr als zehn Jahren Mauerfall, nach meinem Abitur, meinem Auszug von Zuhause, nach meinem Studium, nach ersten Jobs, nach den vielen Monaten in Barcelona, zog es einmal in meinem Bauch. »Ich bin Ossi.« Es war keine Anklage. Es klang selbstbewusst. Doch ich hatte plötzlich Angst, etwas Falsches zu sagen. Zehn Jahre war ich also schon Komplizin gewesen. Und hatte es nicht einmal bemerkt. Ich hatte niemanden beleidigt. Aber als ich nach Berlin zog, hatte ich über die Dörfer gelästert, die um Berlin herum lagen. Da wollte ich nicht hin. So grau. So trostlos.

Die Journalistin Sabine Rennefanz beschreibt 2011 in ihrem Essay »Uwe Mundlos und ich« in der *Berliner Zeitung*, wie ihre westdeutschen Arbeitskolleg:innen pauschal den Osten abwerteten: »Es war an einem Abend im Dezember, ein paar Kollegen saßen zusammen in einem Lokal in Berlin-Kreuzberg, es gab Gänsebraten, Rotwein. Wir kamen auf die Mordserie der Neonazis aus Jena zu sprechen. Doch es ging nicht nur um Uwe Mundlos, Uwe Böhnhardt und Beate Zschäpe, die zehn Menschen getötet hatten. Es ging sofort um viel mehr. ›Tja‹, sagte ein Kollege, der beim öffentlich-rechtlichen Rundfunk arbeitet, ›der Osten ist halt braun.‹ Eine Kollegin von einer überregionalen Zeitung stimmte ihm zu. Sie hatte auch gleich eine Erklärung. Das liege an den Familien in der DDR, an dem angeordneten Antifaschismus, der mangelnden Kommunikation. ›Die Menschen in der DDR haben sich doch nie mit der Nazizeit auseinandergesetzt, da wurde doch in der Familie nicht drüber geredet.‹ Es fiel mir schwer, ruhig zuzuhören, mir war auf einmal heiß, mein Gesicht brannte. Ich kannte die Kollegen nicht so gut. Doch ich wusste, dass sie im Westen groß geworden sind. Ich fragte mich, woher sie wissen wollen, was in Familien in der DDR beredet wurde. Mir fiel Günter Grass ein, der Nobelpreisträger, der als junger Mann in der Waffen-SS gewesen war. Darüber hat er doch auch erst vor wenigen Jahren gesprochen. Ich erwähnte das, aber die Kollegen wollten nicht über Grass reden. Sie tauschten Anekdoten über Ausflüge in die Umgebung von Berlin aus, die ja sehr schön sei, wenn nur die Menschen nicht wären.«[39]

Andreas und ich sind seit vielen Jahren befreundet. Wir haben zusammen gearbeitet, gefeiert, sind älter geworden. Heute schicken wir uns Bilder von unseren Kindern und sehen uns nur noch selten. Ich habe ihm nie davon erzählt, dass mich unsere Begegnung so nachhaltig beeinflusst hat. Als ich ihm schreibe, dass ich an einem Buch über die Wende arbeite, antwortet er, dass er über das Ost-West-Thema nicht verbittert sei. Aber wir gerne sprechen können. Auch, wenn die Wende für ihn nicht negativ besetzt ist: Dass Verbitterung ihm als Erstes einfällt, ist bezeichnend.

In meiner Generation, wir waren Anfang der Neunzigerjahre Teenager, war der Ton rauh. Beschimpfungen und demütigende Witze wurde vielfach einfach hingenommen, von Mitschüler:innen, Lehrer:innen. Auch als die Mauer fiel und die Geschehnisse im Fernsehen zu sehen waren, haben nicht wenige Freund:innen aus meiner Schulklasse Witze gemacht. Über einen Kollegen höre ich von Paul, Ende vierzig. Er arbeitet in einer Werbeagentur und »schämt sich heute für das, was er damals gedacht und gesagt hat«. »Die Wiedervereinigung fühlte sich falsch an«, erinnert er sich. »Ich habe mich über Ostdeutsche lustig gemacht, sogar über den Besuch, den wir damals hatten. Ich nannte die Familie, die zu Besuch war, nie beim Namen, sondern sagte ›Ossis‹ und ich hab damals einem Freund erzählt, dass ich ihnen kalte Tiefkühlpizza angeboten hätte, weil die den Unterschied nicht merken. Ich wollte einen blöden Witz machen. So was. Ein Tabubruch, den ich nie begangen hätte, wenn es beispielsweise um Menschen mit Migrationshintergrund gegangen wäre – wir waren schon damals politisch ziemlich links und solidarisierten uns grundsätzlich mit Schwächeren. Bei Ostdeutschen aber hatten wir keine Hemmungen. Ich kann darüber heute nur den Kopf schütteln.« Auf die Frage, warum es damals keine Hemmungen gab, beschreibt Paul eine Distanz und ein Überlegenheitsgefühl: »Ich selber fand die Entwicklungen damals zwar auch aufregend; die Geflüchteten in den westdeutschen Botschaften, die Massendemonstrationen, wie der politischen Elite in der DDR ganz offensichtlich die Macht entglitt. Mir ging dabei aber völlig die Emotionalität ab. Ich habe es in den Medien mit derselben Distanz beobachtet, wie ich etwa auch den Kampf Mandelas gegen die Apartheid in Südafrika beobachtet habe. Es war mir nicht nah. Es war historisch, hatte mit mir aber nichts zu tun. Die Maueröffnung war noch ein Moment der großen Freude, aber es dauerte in meiner Erinnerung nicht lange, bis ich begann, mich über bestimmte Dinge zu ärgern. Ich glaube, ich habe in dieser Zeit eine Form der Dankbarkeit vermisst, was ich heute völlig hinterfrage. Ich kann es mir nur so erklären: Man fühlte sich irgendwie moralisch überlegen. Das ist ja ein Phänomen, das man schon aus Vorwendezeiten kannte, wenn man ein Paket packte mit Kaffee und anderen Dingen, von denen man ausging, dass sie in der DDR nicht verfügbar waren. Da empfand man sich als großzügig und mildtätig, und es ist wohl menschlich, dass man Dank erwartet.« Paul steht wie ich für eine Generation, die es nicht schaffte, hinzusehen und sich einzufühlen.

Erst seit dem AfD-Schock ist auch im Westen angekommen, dass die Wiedervereinigung vielleicht doch nicht so einwandfrei gelaufen ist. Damit schließe ich mich ein. Es waren die Pegida-Demonstrationen 2014, die meine Aufmerksamkeit erst auf die Probleme gelenkt haben. Dennoch habe ich als Journalistin und auch Blattmacherin das Thema bis zu diesem Buch nicht offensiv aufgegriffen.

Es ist nicht so, dass nur die Politik und die Medien versagt hätten. Wir im Westen, wir im Miteinander, wir alle haben versagt. Warum billigen wir es noch immer, dass Menschen kontinuierlich ausgeklammert, verletzt und diskriminiert werden? Würden wir heute als Gesellschaft die Wiedervereinigung anders erleben? Wären wir offener, empathischer? Würden wir sensibler und euphorischer auf Menschen zugehen, die eine Diktatur friedlich überwinden konnten? Sie bewundern, statt sie abzuwerten? Ich glaube und hoffe, ja. Wir sind zivilisatorisch gewachsen. Doch warum schaffen wir es nicht, die Lücke zu schließen, die seit der Wende zwischen uns steht? Warum lassen wir es zu, dass alte Verletzungen fortbestehen? Ost und West. Es braucht Versöhnung. Doch wie?

Luca Schütze ist einer, der sich auf Westseite für eine Aufarbeitung der Wiedervereinigung stark macht. Schütze, 1993 als Nachwendekind geboren, ist Jurastudent in Hamburg, aufgewachsen in Rheinland-Pfalz. Er gibt nicht nur seiner Familie Ost-West-Nachhilfe. Abseits des Studiums gründete er einen Arbeitskreis, der sich mit den Verwerfungen der Nachwendezeit beschäftigte. In einem Interview mit der *Zeit* erzählt er: »Es gibt Leute, die sagen: Wir Westdeutschen haben die DDR besiegt! Das ist ein tief sitzendes Gefühl der Überlegenheit. Ich war vor einiger Zeit in einem Comic-Laden in Hamburg und bekam mit, wie sich zwei Frauen über Ostdeutschland unterhielten. ›Die sind doch alle Nazis da drüben‹, sagte die eine. Ich habe diese Frauen angesprochen und ihnen gesagt, dass wir uns hier gar nicht vorstellen können, wie es ist, wenn ein Land von einem Tag auf den anderen verschwindet, inklusive der Arbeitsplätze und all dessen, was den Alltag ausgemacht hat.« Schütze ist heute Teil der Initiative »Wir sind der Osten«. Die Initiative setzt sich für mehr Sichtbarkeit von Ostdeutschen ein, vor allem für »die Macherinnen und Macher, die die Zukunft positiv gestalten«, wie es auf der Website heißt.[40] Auf die Frage, ob es nur ältere Westdeutsche sind, die abwerten, antwortet Schütze prompt: »Auf keinen Fall, es sind alle. Auch Politiker:innen.« Man hätte schon genug getan, es wäre jetzt mal gut, so erzählt Schütze, würden sich Politiker:innen gerne äußern. Und: »Jedes Mal, wenn eine westdeutsche Verantwortung für die Dinge, die nicht gut gelaufen sind, eingefordert wird, kommt schnell die verteidigende Gegenreaktion: man würde die Demokratie schlechtreden.« Wenn Schütze erzählt, wie im Bekanntenkreis über den Osten geredet wird, ist er weniger empört als erstaunt: »Das Essen, die Produkte in den Geschäften, die Dörfer, einfach alles ist nicht gut genug. Es ist, als vergliche man den Osten mit einer Rumpelkammer.«[41]

Es gibt nachvollziehbare Gründe für die Entwicklung, sich mit einer ostdeutschen Biographie als Bürger:in zweiter Klasse zu fühlen. Einer davon: Die durch die Bonner Regierung gestaltete Einheit, mitsamt »den verhassten Kofferträgern mit dem unruhigen Blick: die morgens auf die Schnelle einfliegen, abends zurück jetten und 10 000 Mark für eine sogenannte

Beratung kassieren – die Prototypen des hässlichen Westdeutschen«.[42] Die Erinnerungen an die Treuhand prägen Ostdeutschland bis heute. Sie ist ein ganz eigenes, emotional aufgeladenes und umstrittenes Kapitel der Einheitsgeschichte. Im Westen teilweise als notwendig bewertet, wird sie im Osten vorrangig als negatives Symbol betrachtet. Dazu befrage ich den Treuhand-Experten Marcus Böick, der seit Jahren zur Thematik forscht.

Herr Böick, was ist die Treuhand und welcher Idee ist sie entsprungen?

Die Idee ist am Zentralen Runden Tisch im Februar 1990 entstanden, dem Ort, an dem Vertreter:innen von DDR-Regierung, SED, Blockparteien, Opposition und Kirchen zusammensaßen, um gemeinsam eine demokratische DDR zu etablieren. Die Idee der Treuhand ist eine doppelseitige – man will auf der einen Seite das Volksvermögen vor dem Zugriff Fremder bewahren. Denn: Wenn die DDR sich radikal verändert, ist die Gefahr groß, dass das Volksvermögen herrenlos wird. VEBs gibt es in Westdeutschland nicht. Man hat Angst vor Szenarien, wie sie in Russland stattgefunden haben: Dort haben amtierende Geschäftsführer sich schnell zu privaten Eigentümern erklärt. Man möchte also eine zentrale Stelle schaffen, die das Volksvermögen treuhänderisch verwaltet, deshalb auch der Name, um dann das Vermögen in GmbHs und Aktiengesellschaften umzuwandeln. Zudem möchte man dieses Volksvermögen sogleich in einem zweiten Schritt radikal demokratisieren. Man möchte Volksaktien ausgeben, und zwar sehr schnell zur Volkskammerwahl. Jeder Wahlberechtigte hätte einen Anteilsschein bekommen sollen. Es gab auch schon Entwürfe: Jedem Bürger ein Sechzehnmillionstel des Volksvermögens. Bewahrung und eine Demokratisierung: Das ist die ursprüngliche Aufgabe der Treuhandstelle.

Genau das Gegenteil dessen, was später passieren wird.

Die SED-Reform-Regierung unter Hans Modrow und Christa Luft greift die Grundidee auf und richtet diese Stelle zwar rasch im März 1990 ein. Die Regierung hatte gerade noch an einer sozialistischen Wirtschaftsreform gearbeitet, die sich aber nun schon als nicht mehr zeitgemäß herausstellt. Es ist gravierend, wie schnell in dieser Zeit Pläne umgeworfen und neu gedacht wurden. Eine klassische revolutionäre Konstellation.

Stimmt die Reform-Regierung denn dem Runden Tisch zu?

Nicht ganz. Viele Wirtschaftsreformer und Reformkommunisten aus der Gruppe um Christa Luft treten in die Treuhand ein. Es ist eine Behörde mit bis zu 150 Mitarbeiter:innen, der man nun die Betriebe überträgt. Aber sie greifen nicht den zweiten Teil der Idee auf, die Demokratisierung. Denn die Modrow-Regierung geht ja davon aus, dass sie bestehen bleibt und das Volksvermögen ihr Faustpfand für künftige Verhandlungen ist. Auch die westdeutsche Regierung geht davon aus. Die Idee ist, dass die Privatisierungen die ökonomische Einheit finanzieren werden. Die Konzepte lesen sich in etwa so: ⅓ ist sofort zu verkaufen, ⅓ muss saniert werden und ⅓ muss geschlossen werden.

Aber man wusste doch um den schlechten Zustand der Betriebe. War die Vorstellung nicht naiv?

Das liest sich heute vielleicht naiv. In solchen Umbruchsituationen weiß man aber viele Dinge nicht. Da kann man schon deutliche Parallelen zur Pandemie oder zum Krieg in der Ukraine sehen – vieles ist sehr dynamisch und in mittel- oder gar langfristiger Weise gar nicht abschätzbar. Im Nachhinein, mit dem sicheren Wissen über die Folgen, lässt sich natürlich einfacher urteilen. Als Historiker:in muss man die zeitgenössischen Erwartungen ernst nehmen.

*Wie gestaltete sich die Treuhand dann nach der
Volkskammerwahl?*

Die neue Regierung in Ostberlin und die Bundesregierung in Bonn beginnen im April mit den Verhandlungen der Wirtschafts- und Währungsunion, ohne
aber über die Praxis groß zu reden, weil dafür einfach
kaum Zeit ist. Irgendwann kommt die Frage auf, wie
denn die Privatisierung ablaufen solle. Es ist ja ein
gigantisches Unterfangen: vier Millionen Beschäftigte
in 8500 Betrieben und 250 Kombinaten. Aus westdeutscher Sicht auch eine staatswirtschaftliche Alptraum-
landschaft.

*Was meinen Sie damit, für wen wurde es zum
Alptraum?*

Die christlich-liberale Bundesregierung hatte mit großer Mühe in den Achtzigerjahren versucht, Privatisierungen einzuleiten und blieb weit hinter den eigenen
Erwartungen zurück. Staatskonzerne wie Preussag
oder die Bundespost sollten privatisiert werden. Es
ist schließlich das Zeitalter von »mehr Markt, weniger
Staat«. Thatcher und Reagan sind die großen Vorbil-
der. Und jetzt kriegt man vier Millionen Beschäftigte
in riesigen Staatsbetrieben vor die Haustür gesetzt. Für
wirtschaftsliberale Politiker war das ein regelrechter
Alptraum – und der freie Markt das ersehnte Heil-
mittel.

*Und die praktische Umsetzung war weiterhin
noch völlig unklar?*

Es gibt Konsultationen einer kleinen Gruppe im Mai
und Juni 1990, die auf die Idee kommt, dass man doch
bereits seit einigen Monaten diese kleine DDR-Dienst-
stelle, diese Treuhand hat. Warum nehmen wir nicht
diese relativ unbelastete Behörde, und deshalb auch
kein Ministerium, keine Holding, und damit auch
keine Strukturen, die mitbestimmungspflichtig wären,
wie die Gewerkschaften oder die SPD es bevorzugen
würden? Wir bauen, so die Idee, diese Treuhandanstalt rasch um und drehen ihren Auftrag um 180 Grad:
nicht mehr Bewahrung, sondern Privatisierung.

Welche Gruppe war das?

Der damalige DDR-Ministerpräsident Lothar de Maizière setzt eine Arbeitsgruppe ein, die von Thomas
de Maizière, dem späteren CDU-Innenminister, mit
geleitet wird. Man arbeitet einen ersten Entwurf des
neuen Treuhandgesetzes aus. Der geht dann in die
Volkskammer. Dort ist die Empörung groß. Aber der
Entwurf geht durch.

Durch Zustimmung?

Weil es eine Bedingung der Westdeutschen für die
Währungsunion ist. Die westdeutsche Politik macht

die Machtverhältnisse relativ deutlich: Ihr wollt die D-Mark und unser Wirtschaftssystem, dann müsst ihr privatisieren. Warum? Weil die conditio sine qua non, also die unabdingbare Voraussetzung, der deutschen Wirtschaftsordnung das Privateigentum ist. Die Mischvarianten, die vormals diskutiert wurden, Genossenschaften, Belegschaftsaktien usw. kommen für die Bonner Beamten und Politiker aus den Reihen von Union und FDP nicht in Frage. Die DDR muss dem Privatisierungswunsch folgen. Auch aus der westdeutschen Kalkulation heraus, dass das letztlich den Einigungsprozess finanzieren würde.

Wie wurde einem im Osten damals eigentlich die Treuhand erklärt und erzählt – war es die Politik, waren es Ostler in den Betrieben oder die westliche Politik?

Es gibt im Herbst 1989 noch viele Vorschläge, viele Akteure, eine sehr offene Deutungs- und Diskussionslandschaft. In Ostdeutschland gab es Debatten auf allen Ebenen der Gesellschaft. Die Bundesregierung ist bis Ende Januar 1990 jedoch noch sehr passiv und hat keine Konzepte. Man wartet ab. Was wollen die alliierten Verbündeten, was will die Sowjetunion? Ab Januar gibt es zunehmend Vorschläge auch aus Westdeutschland. Ingrid Matthäus-Mayer etwa ist eine wichtige Figur: eine profilierte, westdeutsche Sozialdemokratin, die in einem Artikel in der *Zeit*, »Signal zum Bleiben«, das skizziert, was man später sehen kann. Tenor: Die Ostdeutschen sollen die D-Mark bekommen, aber dafür auch im Land bleiben.

Die Grenze ist seit Monaten geöffnet.

Die Diskussionen brodeln hoch, der Druck auch auf Bonn wächst. Weil viele Menschen, vor allem junge Menschen, die DDR ab dem 9. November in Richtung Bundesrepublik verlassen. Man schätzt etwa 100 000 bis 150 000 Übersiedler pro Monat. Das ist natürlich ein dramatischer Aderlass.

Die nicht besonders willkommen waren.

Genau. Die Presse reagiert, schreibt über die bedrohliche Konkurrenz um knappe Arbeitsplätze, um mangelnden Wohnraum. Es wird eine brenzlige Situation. Die Bundesregierung muss nun etwas präsentieren. Anfang Februar macht sie der DDR öffentlich dann das spektakuläre Angebot, die D-Mark schnellstmöglich einzuführen. Das ist ein Wendepunkt.

Die Bundesregierung betritt mit einem eigenen Vorschlag die Bühne.

Und schafft es, den beginnenden Volkskammerwahlkampf der DDR, einer der intensivsten Wahlkämpfe in der deutschen Demokratiegeschichte überhaupt, in die Richtung »Einheit ja oder nein?« zu wenden. SPD und Grüne haben dagegen bald keine Chance mehr. Die alternativen Vorschläge etwa der Sozialdemokraten, eine langfristige Einheit in einer europäischen »Konföderation«, treten in den Hintergrund. Der Wahlkampf und vor allem das Wahlresultat werden als Votum für eine schnelle Einheit und die direkte Übertragung des westdeutschen Wirtschaftssystems angesehen. Spätestens ab diesem Zeitpunkt dominiert klar die westdeutsche Bundesregierung den Diskurs, während die anderen Stimmen zunehmend schwächer werden.

Linke Gruppen und Medien opponieren und kritisieren das scharf.

Die Diskurshoheit ist dennoch festgeschrieben: Es wird nach den Wahlen im März sehr bald nicht mehr über Alternativen diskutiert. Auch die Sozialdemokraten finden sich damit ab. Das Plebiszit in Ostdeutschland war zu deutlich. Ähnlich wie beim Brexit: Wenn eine Entscheidung vom Volk getroffen ist, müssen sich auch die vormaligen Gegner irgendwann damit arrangieren.

*Wie stehen aber die Wissenschaft und außerpar-
lamentarische Organisationen oder Stiftungen der
Entscheidung gegenüber?*

Eine ganze Reihe von westdeutschen Ökonomen haben sich nach dem Mauerfall wieder mit der DDR-
Wirtschaft und einer möglichen Vereinigung beschäftigt. Im Januar 1990 wird etwa ein Gutachten der
Wirtschaftsweisen vorgelegt. Dieses Gutachten sieht
einen Stufenplan vor, nach ökonomischer Lehre dieser Zeit dominiert die sogenannte »Krönungstheorie«.
Das heißt, eine Währungsunion steht nicht am Beginn
eines wirtschaftlichen Reformprozesses, sondern ist
dessen finales Ende.

Die Bundesregierung dreht das aber um.

Die Bundesregierung sieht in der Währungsreform
die Wirtschaftsreform. Sie erscheint als belebender
Urknall und heilsamer Marktschock, den die DDR-
Wirtschaft braucht. Danach würde die Dynamik der
freien Märkte diesen Reformprozess selbst gestalten.
Das ist auch das, was Ludwig Erhard in einem Papier
Mitte der Fünfzigerjahre skizziert hatte, in dem er darüber nachdachte, was eigentlich wirtschaftspolitisch
passieren solle, wenn die »Ostzone« an den Westen
zurückfällt.

Die Bundesregierung handelt also entgegen der herrschenden Lehrmeinung. Und gegen ihre Wirtschaftsweisen.

Die Wirtschaftsweisen sind empört, schreiben wütende Briefe an Kohl und gehen auch an die Öffentlichkeit. Das sei völlig gegen den Sachverstand und gegen das, was man im Gutachten vorgeschlagen hatte.

Wie erklärt sich Bundeskanzler Kohl dazu?

Kohl gibt im Frühjahr dann eine kämpferische Ansprache im Bundestag und erklärt, er schätzt das Urteil der Ökonomen und nimmt ihre Kritik zur Kenntnis, aber hier hätte eine politische Entscheidung gegen eine ökonomische gestanden. Er habe sich indes für die politische Variante entschieden.

Welche war das?

Kohl stand unter erheblichen Druck, weil die innerdeutsche Migration und damit auch der Verfall der DDR selbst immer weiter zunahm. Deshalb hatte er sich dazu entschieden, wie er es formulierte, den Ostdeutschen ein großzügiges Angebot zu machen.

Man ist eigentlich noch in außenpolitischen Ver-
handlungen, der Zwei-plus-Vier-Vertrag, der das
Aufheben der ehemaligen vier Mächte Großbri-
tannien, Frankreich, Sowjetunion und den USA
beschreibt, wurde erst im September 1990 unter-
schrieben.

Das ist richtig. Die innere Einheit passiert eigentlich
schon am 1. Juni 1990 mit der Währungsunion, während viele Fragen der äußeren Einheit noch gar nicht
abschließend geklärt werden konnten. Die Bundesregierung ist in diesem raschen Einigungsprozess sehr
dominant, bis sie sich im Laufe des Herbstes, als die
wirtschaftlichen Probleme beginnen, in die zweite
Reihe zurückzieht und damit dann die Treuhand in
den Fokus der Öffentlichkeit rückt und zum Gegen-
stand heftiger Diskussion wird.

Man konnte ihr die Verantwortung geben.

Der Tenor in Bonn war: Die Treuhand agiert selbst-
ständig, das sind marktwirtschaftliche Experten und
Unternehmer. Die Treuhand-Manager treffen betriebs-
wirtschaftlich fundierte Entscheidungen, sie beschlie-
ßen Schließungen und Entlassungen – und sollen deshalb eben gerade nicht »politisch« agieren.

Wie gestaltete sich das Zusammentreffen zwischen Mitarbeiter Ost und West in den Betrieben?

Am Anfang ist eine sehr große Offenheit auf Seiten der Ostdeutschen da. Eine Neugier. Der Wunsch, zu lernen und eine große Bereitschaft, aktive Hilfe zu bekommen. Die Ostdeutschen kennen die Betriebe und die Produkte, die Westdeutschen die Marktwirtschaft. Dieses Bild trübt sich aber schnell wieder ein.

Wodurch?

Sehr viele Berater und Investoren mit zweifelhaftem Ruf pilgern nun bald durch die DDR und versuchen, die Situation für sich auszunutzen. Das trübt das anfangs bemühte Bild von »Deutschen helfen Deutschen« erheblich ein. Und auch die Vision einer gemeinsamen Aufgabe. Das wurde noch verstärkt, als nach der Einigung viele Betriebe und Institutionen mit westdeutschen Chefs und Experten besetzt wurden. Wobei man sagen muss, dass sich die Treuhandanstalt mit dem anfänglichen Geist der nationalen Aufgabe, diesem »Wir helfen uns gegenseitig« wie ein Biotop in dem Ganzen verhält. Nur so konnte auch die intensive Zusammenarbeit der Ost- und Westdeutschen innerhalb der Treuhandanstalt dauerhaft funktionieren.

*In den Betrieben dagegen gab es immer mehr
kulturelle und kommunikative Probleme.*

Ja, es fing an bei der Kleidung, dem Habitus. Die Begegnung war auch irritierend, weil man diese große
Differenz zueinander in der großen Euphorie erst gar
nicht angenommen hatte.

*Interessant. Sie meinen die Unterschiede im
Deutschsein?*

Ja. Auch im Ausland kann man das kaum nachvoll-
ziehen. Warum es denn Probleme innerhalb Deutschlands gebe? Im Ausland sind wir alle »Deutsche« und
werden auch als sehr »deutsch« gesehen: rigoros, re-
gelkonform, sehr ernst. Diese Nähe wird auch 1989
vermutet: Die Kulturnation habe auch in Zeiten der
Teilung im Grunde immer fortbestanden.

Hat sie aber nicht?

Man unterschätzt die mentalen Differenzen und Di-
vergenzen durch die vierzig Jahre Teilung ganz erheblich. Die Antipathie gegenüber Westdeutschen gab es
auch schon vor 1990. Das Bild der arroganten Westdeutschen, die viel besitzen und auf die Ostdeutschen
herabblicken. So richtig entfaltet sich das Motiv »Bürger zweiter Klasse«, »Wir wurden abgewickelt«, »Wir
sind Fremde im eigenen Land« dann allerdings erst

in den Jahren 1990 und 91. Auch die Treuhand färbt dieses Bild: Meistens sind es westdeutsche Abteilungsleiter oder Direktoren aus der Treuhand, die harte Entscheidungen über die Zukunft von Betrieben und Belegschaften treffen.

Das Gefühl, Bürger zweiter Klasse zu sein, ist bis heute erhalten. Studien belegen dies immer wieder. Was wurde von westdeutscher Seite versäumt?

Ein wesentlicher Punkt ist sicher die fehlende Anerkennung. Wir sind heute, dreißig Jahre später, in dieser Hinsicht ganz anders sensibilisiert in den Fragen zur Zugehörigkeit und Identität. Und würden heute sicher anders handeln. Man muss es so sagen: Das Pech der Ostdeutschen war, dass das Problembewusstsein auf Seiten der politischen Entscheider im Westen in der Form nicht vorhanden war. Man hat die Einigung kalkulierend reguliert wie einen Versicherungsschadensfall.

Ausnahmezustand

Am 19. August 1991 fahren Panzer in Moskau auf. Sie positionieren sich vor dem Amtssitz des russischen Präsidenten Boris Jelzin. Einer der beteiligten Männer, Gennadi Janajew, Wortführer des sogenannten Staatskomitees für den Ausnahmezustand, sagt mit zitternden Händen, der Präsident der Sowjetunion, Michail Gorbatschow, sei erkrankt, er könne das Präsidentenamt nicht weiter ausüben. Kurze Zeit später weiß es die ganze Welt: In Moskau wurde geputscht.

Die Journalistin Ulrike Wolf befindet sich an diesem Morgen mit einem Kollegen am Hamburger Flughafen und wartet auf ihren Flug nach Leipzig. Sie ist auf dem Weg in ein neues Leben. Eine Woche lang hatte sie Zeit gehabt, eine Entscheidung zu treffen. Die Entscheidung darüber, ob sie bei der Gründung einer neuen Rundfunkanstalt mitwirken wollte. An einem neuen Sender für Sachsen, Sachsen-Anhalt und Thüringen. Die Idee stammte vom sächsischen Ministerpräsidenten Kurt Biedenkopf.

Er war selbst ein Jahr zuvor vor eine schnell zu fällende Entscheidung gestellt worden. »Wir sitzen hier zusammen«, hatte der amtierende Stuttgarter Regierungschef Lothar Späth damals zu ihm gesagt, »weil wir dringend einen Ministerpräsidenten für Sachsen brauchen.« »Hat das nicht Zeit bis morgen?«, hatte Biedenkopf gefragt. Und mit einem »Nein« war die Entscheidung besiegelt worden.[43] Biedenkopf nahm die Staatsbürgerschaft der DDR an, um bei den sächsischen Landtagswahlen 1990 kandidieren zu können. Die CDU erzielte mit 53,8 Prozent die absolute Mehrheit und Biedenkopf wurde der erste Ministerpräsident des Freistaates Sachsen.

Ulrike Wolf, geboren im ostsächsischen Bautzen, nach der Flucht in Nordrhein-Westfalen aufgewachsen, hat ihr bisheriges Berufsleben in Hamburg verbracht. Sie ist 1991 Mitte vierzig, moderiert als eine der ersten weiblichen Moderator:innen die *Tagesthemen* und ist Politik-Chefredakteurin beim NDR. Sie hatte, wie sie heute erzählt, »immer eine Verbindung in den Osten«. Durch ihre Eltern und Verwandtschaft. Auch deshalb entscheidet sie sich, das Angebot anzunehmen. Auf dem Flughafen in Hamburg erfahren nun auch Ulrike Wolf und ihre Kollegen, dass die Putschisten Michail Gorbatschow in seinem Feriendomizil auf der Krim unter Hausarrest gestellt haben. »Meinst du, wir kommen wieder zurück?«, fragt sie ihren Kollegen. Dann besteigen sie das Flugzeug.

Mit dem Fall der Mauer zerfielen auch die Medien- und Presseorgane in der DDR. Die Medien waren bislang Herrschaftsinstrument des SED-Regimes gewesen und von Berlin aus gesteuert worden. Jetzt gingen Radio und Fernsehen in die Verantwortung der neuen Bundesländer über. Den Wechsel von staatlich gelenkten Programmen hin zu unabhängigen neuen Sendern wie dem Ostdeutschen Rundfunk Brandenburg (ORB) oder dem für die Länder Sachsen, Sachsen-Anhalt und Thüringen zuständigen Mitteldeutschen Rundfunk (MDR) gestalteten auf Leitungsebene nun vor allem westliche Kolleg:innen.

Mit weitreichenden Folgen: »Vieles musste umgekrempelt werden. Ministerien, Verwaltung, Polizei, Medien – weg von Berlin in die Länder«, erinnert sich Wolf. Die heute 78-Jährige hat eine zarte, aber eindringliche Stimme. Sie sitzt in Dresden, als wir telefonieren. Die Stadt, die ihre Heimat geworden ist. Mit Wolf wurden 1991 insgesamt acht Direktor:innen für den MDR von einem Gründungsteam berufen, von denen bis auf einen alle aus dem Westen kamen. Es waren also nicht nur westdeutsche Politiker:innen, die von nun an im Osten das Sagen hatten, Professor:innen aus dem Westen, die die ostdeutschen Hochschulen führten oder Manager:innen, die in ostdeutschen Fabriken die Geschicke lenkten, sondern eben auch Journalist:innen aus dem Westen, die den Diskurs bestimmten. Es war ein ideologischer Umbau, von der Diktatur zu demokratischen Strukturen. Das handwerkliche Knowhow, das im Journalismus der neuen Bundesländer nun gefragt war, wurde in den Anfangsjahren importiert. Pressefreiheit, Meinungsvielfalt. Die Wiedervereinigung hatte die Bundesrepublik und die DDR vor die immense Herausforderung gestellt, in kürzester Zeit auf die neue Lage zu reagieren.

Es war die Zeit, als in Ostdeutschland rund einhundert neue Zeitungen entstanden. Damals wurde in den Redaktionen viel über die Gestaltung der Medien und über Pressefreiheit gesprochen. Sie war eine zentrale Forderung der politischen Wende in der DDR. Die Nachfrage nach freien und unabhängigen Zeitungen und Zeitschriften war kaum zu stoppen. Doch schon Mitte der Neunzigerjahre musste ein Großteil von ihnen, an denen sich vielfach Mitglieder der Bürgerrechtsbewegung beteiligten, Konkurs anmelden. Die in Ostberlin aufgewachsene Kommunikationswissenschaftlerin Mandy Tröger schreibt dazu: »Bis Juli 1990 sicherten sich die finanzstärksten Medienkonzerne wie die WAZ-Gruppe, Madsack oder die FAZ-Gruppe Beteiligungen an so gut wie allen etablierten DDR-Zeitungen. Im Fall der vier Großverlage Heinrich Bauer, Gruner+Jahr (G+J), Axel Springer und Burda kam der Aufbau eines exklusiven verlagsabhängigen Pressevertriebssystems dazu. Das hieß, führende Medienhäuser der Bundesrepublik schufen zeitig die Strukturen der sich transformierenden DDR-Presselandschaft gemäß ihren Interessen innerhalb eines deutsch-deutschen Pressemarktes, der faktisch schon ab Mai 1990 vereint war. Wesentliche Reformziele der DDR-Bürgerbewegungen, wie die Zerschlagung struktureller Pressemonopole oder der Aufbau einer basisdemokratischen Presse, blieben damit chancenlos.«[44]

Bis heute konnte sich keine überregionale Zeitung vom Format einer *Süddeutschen Zeitung* oder einer *Frankfurter Allgemeinen Zeitung* in Ostdeutschland etablieren, die Deutungshoheit über den Osten hinaus besitzt. Stattdessen dominieren neben regionalen Tageszeitungen wie der *Sächsischen Zeitung* oder der *Berliner Zeitung* vor allem die *Superillu,* der RBB und der MDR. Die Regionalzeitungen des Ostens sind heute, außer der *Berliner Zeitung,* ausschließlich bei den westdeutschen Verlagen angesiedelt. Es gibt heute zwar mehr, aber immer noch wenige ostdeutsche Chefredakteur:innen: 62 Prozent im Jahr 2016 gegenüber 42 Prozent im Jahr 2004. Jedoch sind nur zwei von 23 Verlagsleiter:innen Ostdeutsche und mit dem Unternehmer Holger Friedrich gibt es nur einen einzigen ostdeutschen Verleger.[45] Die Medien im Osten sind also nach wie vor in Westhand.

Als Wolf die neue Position in Dresden übernimmt, verschwindet der Westen aus ihrem Blickfeld. Nur alle zwei Wochen schafft sie es, zur Familie nach Hamburg zu pendeln, dann bleibt sie in Sachsen. Ein leerstehendes Hochhaus, »vorher waren hier die Kubaner«, jetzt wohnen sie hier, die Wessis, 8. Stock, abends trifft man sich auf Events, Empfängen. Ihr Arbeitsplatz bleibt lange ein Provisorium: »Wir haben in Containern ge-sendet und gearbeitet, bis wir 2009 in unser endgülti-ges Gebäude ziehen konnten.« Eine alte Kaserne wird schließlich ein modernes Funkhaus. »Ein gelungenes Abenteuer«, findet Ulrike Wolf. In der »Drei-Länder-Anstalt« MDR ist lange Zeit Pionierarbeit angesagt: Abstimmen, besprechen, wie soll der Sender aussehen, das Landesprogramm. Wolf erinnert sich an »viele engagierte junge Leute, die etwas erreichen wollten«, und zwar nicht nur in den Redaktionen. Vor allem die Mitarbeiter:innen, die für die Technik zuständig sind, retten in dieser Zeit, in der vieles ohne lange Probe und Vorarbeit auf Sendung gehen muss, den Sendebe-trieb. Wolf führt damals viele Personalgespräche, um die neu geschaffenen Stellen zu besetzen. »Das war am Anfang die schwierigste Aufgabe«, erinnert sie sich.

Für die Kolleg:innen vor Ort startete die turbulente Zeit schon zwei Jahre vorher. Am 3. November 1989 entschuldigt sich das Fernsehen der DDR öffentlich für das eigene, jahrzehntelang während Fehlverhal-ten mit folgenden Worten: »Unsere Mitverantwor-tung an der entstandenen Krisensituation in der DDR konstatieren wir mit tiefer Betroffenheit. Wir haben es zugelassen, dass unser Medium durch dirigistische Eingriffe missbraucht wurde. Dadurch wurde das Ver-trauen vieler Zuschauer und nicht zuletzt zahlreicher Mitarbeiter im DDR-Fernsehen erschüttert [...] Den Verlust an Vertrauen abzubauen, wird langwierig und hart sein.« Das Vertrauen in die Staatsmedien rettete diese Erklärung am Ende allerdings nicht. Auch wenn seit dem 5. Februar 1990 Journalist:innen in der DDR vor staatlichen Eingriffen und Willkür offiziell geschützt, Zensur ausdrücklich verboten und Pressefreiheit garantiert wurde, hatte der Rundfunk der DDR in seiner bisherigen Form keine Zukunft. Sein schon im Einheitsvertrag festgeschriebenes Ende kam am 31. Dezember 1991.

Innerhalb von vier Monaten nach ihrer Ankunft musste Wolf dagegen einen Sendestart hinbekommen. Von den Jüngeren habe es viel Zustimmung gegeben, andere haben ihren Job verloren. »Das war bitter«, sagt sie. »Wir mussten uns auch erst einmal aneinander gewöhnen. Da kommen wir aus dem Westen reingeflattert, sind aber auf einmal in einem fremden Umfeld.« Die unterschiedlichen Mentalitäten sind eine Herausforderung für alle: »Ein flotterer, aber teils auch schärferer Umgangston«, wie sie heute erzählt, der in West-Journalist:innenenkreisen üblich war, sorgte hier für Irritation und Verunsicherung: »Die Kollegen verstummten schnell, wenn wir mal lauter wurden. Da merkten wir: Vorsicht!« Es gab damals auch in Wolfs Umfeld Stimmen, die gesagt haben, die Wessis mit der großen Klappe, die überrollen uns. Wolf empfand es, wie viele andere vor Ort, anders: »Es ist damals unglaublich viel geschehen. Es gab Euphorie und Aufbruchsstimmung. Trotz alledem ist auch Vieles kaputtgegangen, diese Erfahrung hatten wir aus dem Westen nicht: Zig Arbeitsplätze. Industrien.

Bergbau. Textil. Gas. Vieles weg, alles anders.« Es gab Kolleg:innen, die eine Stasi-Vergangenheit hatten. »Wir Kollegen aus Westdeutschland waren sehr vorsichtig damit.« Sobald eine Akte aufgetaucht sei, habe sich der zuständige ostdeutsche Beauftragte damit befasst, ein Gremium einberufen, Gespräche geführt. Die Mitarbeiter:innen mussten bei Arbeitsantritt eine Erklärung abgeben. Bei manchen Kollegen ist Wolf erstaunt: »Der und die Stasi?«

Die Umgestaltung der Medien in der ehemaligen DDR war eines der vorrangigen Ziele der Bundespolitik nach der Wiedervereinigung. In Ostdeutschland gab es kein Pendant zum Rundfunkstaatsvertrag der Länder. Die neuen Bundesländer begannen also nach der Wiedervereinigung damit, eigene Gesetze zu erlassen. Für die Regelungen wurden jedoch weitgehend bestehende Texte und Vorlagen der westlichen Bundesländer übernommen.

Musste Wolf damals politische Vorgaben der Landesregierung beachten? »Wieso denn? Mein Chef war der Intendant, Udo Reiter«, antwortet sie. »Wir waren ein Direktorenkollegium und konnten frei schalten und walten. Wir hatten genug zu tun und freuten uns, dass es voran ging. Im Übrigen waren unsere Kontrollgremien, wie bei jeder öffentlich-rechtlichen Rundfunk-Anstalt Rundfunkrat und Verwaltungsrat. Besetzt mit Vertretern relevanter gesellschaftlicher Gruppierungen aus den Ländern.«

Es gibt aber auch eine andere Darstellung: So soll das Bundeskanzleramt massiven Einfluss auf den Rundfunk und die Stellenbesetzung genommen haben. Wie der Medienwissenschaftler Wolfgang Mühl-Benninghaus kritisiert, wurde der Rundfunkbeauftragte Rudolf Mühlfenzl (CSU) von Günther von Lojewski, dem damaligen Intendanten des Sender Freies Berlin (SFB), ins Gespräch gebracht.[46] Er war dafür verantwortlich, die Stellen drastisch zu reduzieren. Im Hörfunk wurden 1000 Mitarbeiter:innen entlassen, insgesamt verloren von 14 000 Mitarbeiter:innen beim Hörfunk und Fernsehen der DDR fast 10 000 ihren Job. »Es gab nie die Chance, dass sich eine reine Ost-Anstalt entwickeln konnte«, schreibt der Medienwissenschaftler Wolfgang Mühl-Benninghaus. »Die grundsätzlichen Personalentscheidungen unterstreichen, dass seitens der ARD keinerlei Interesse bestand, die westdeutschen Zuschauer:innen mit den ostdeutschen Erfahrungen, resultierend aus unterschiedlichen Kulturen und Identitäten, zu konfrontieren. Ein aus diesem Spannungsfeld erwachsender kritisch-kontrollierender und reflektierender Journalismus konnte sich damit nicht entwickeln.«[47] Ulrike Wolf teilt diese Einschätzung nicht: »Es ging nicht um das Programm für Westdeutsche, sondern primär um die ostdeutschen Länder. Aber jeder kann es einschalten – auch im Westen!«

Wolf war zwanzig Jahre lang Direktorin des MDR-Landesfunkhauses Sachsen. Auf einem Sommerfest, lange nach ihrer Zeit beim MDR, trifft sie auf ehemalige Mitarbeiter:innen. Die Stimmung sei herzlich gewesen, erzählt sie, viele hätten bei einem Film über die Aufbauzeiten Tränen in den Augen gehabt, die Euphorie dieser Jahre geteilt. Sind wir heute vereint, frage ich sie. »Es ist unmöglich, darauf eine klare Antwort zu geben«, antwortet sie ohne zu zögern. Dass wir noch nicht zusammengewachsen sind, das sei richtig. Und das könne man bedauern. Aber es sei nachvollziehbar. Wenn man so lange getrennt gewesen sei, in unterschiedlichen Systemen gelebt habe. »Und dann haben wir es friedlich geschafft, wieder zusammenzukommen. Die ganze Welt beneidet uns darum.« Für diesen Moment in der Geschichte. Dennoch, erzählt sie, das Leben der Menschen in der DDR sei vom Kopf auf die Füße gestellt worden: »Alles, einfach alles hat sich für die Menschen verändert. Abläufe, Arbeitsplatz, die Betreuung der Kinder, bis hin zu jedem Formular in den Behörden – und das von heute auf morgen.« Aber da sei auch das Positive: Aber in dreißig Jahren hat sich viel getan. Sie bedauert, dass viele aus dem Westen bis heute nicht in Ostdeutschland waren: »Dabei ist das Land so schön geworden.«

An Ulrike Wolfs erstem Arbeitstag begann der Zerfall der Sowjetunion. Der Putsch misslang. Das Volk ging auf die Straße. Wenige Monate zuvor waren die Menschen in der DDR auf die Straße gegangen. Mit der Freiheit, sagt Wolf dann noch, müsse man auch umgehen lernen. Das brauche seine Zeit. Doch wer ist mit »man« gemeint, der Osten oder der Westen?

Ein Jahrhundert
in Schwarz-Weiß

Um zu verstehen, warum wir Westdeutsche, unsere Eltern und Großeltern, so abschätzig, kühl und aus heutiger Sicht befremdlich reagiert haben, muss man auf die Jahre vor der Wende zurückblicken, auf die Achtziger- und Neunzigerjahre. Es war eine Zeit vor der Globalisierung, wie wir sie heute kennen. Vor dem überall zugänglichen Internet, vor Social Media. Vor der ständigen Erreichbarkeit und vor den offenen, europäischen Grenzen. Die Welt war im Kopf der Menschen viel weiter auseinander, als sie es heute ist.

Nach einer YouGov-Umfrage sind die Achtzigerjahre das beliebteste Jahrzehnt der Deutschen.[48] Doch wer wurde hier eigentlich gefragt?

In meinen Kinderjahren Anfang der Achtziger wurde selbstverständlich das N-Wort benutzt und »Zehn kleine N…« geträllert, meine Großmutter sang mir am Abend oft ein Gutenachtlied vor. Darin kam die Zeile »dein Vater ist in Pommerland, Pommerland ist abgebrannt« vor. Die Wiegenlied-Melodie gefiel mir, aber vor meinem inneren Auge brannte es auf Feldern, die ich nie gesehen hatte. Der Zweite Weltkrieg war keine vierzig Jahre vorbei. Und der stramme Ton der Nazizeit wurde von vielen Männern in meinem Familien- und Bekanntenkreis und darüber hinaus ganz selbstverständlich nachgeäfft.

Die Achtzigerjahre waren die Zeit rassistischer »Türkenwitze«, der heute längst überkommene und auf Ausgrenzung abzielende Begriff »Gastarbeiter« war noch immer kaum hinterfragter Mainstream. Dicht gefolgt von Blondinenwitzen. Und an der Mauer wurden DDR-Bürger:innen beim Fluchtversuch erschossen. Es war die Zeit des Kalten Krieges, schon allein der Begriff demonstriert Härte und die Unvereinbarkeit der Systeme: »Krieg« und »kalt«.

Wir sahen den Film *Duck and Cover* aus dem Jahr 1952 auch noch in den Achtzigerjahren. Der Film des Atombombenangriffs *The Day After – Der Tag danach* gab einer ganzen Generation schließlich den Rest. Es war ein Jahrhundert in Schwarz-Weiß. West und Ost. Gut und Böse. Wer würde die Bombe zünden? Ich gehörte zu den ersten Generationen, die den Holocaust im Geschichtsunterricht behandelten. Ich hatte Angst vor den Leichenbergen in meinem Schulbuch und fühlte vor allem eines: eine unglaubliche Ohnmacht. Und Scham. Eine Kippa habe ich erst auf einem Flug nach New York gesehen.

Ein Freund, der 1973 geboren ist, erinnert sich: »Bezogen auf mich und meine damaligen Mitschüler bekam das Deutschsein plötzlich einen dunklen Schatten. Bis zu sechs Millionen Juden haben die Deutschen ermordet, erzählte unser Geschichtslehrer und schrieb die Zahl an die Tafel. Man kann sich das nicht vorstellen. Das erste Mal hörten wir von Konzentrationslagern und sahen Bilder von der Moorweide am Dammtor, von wo aus die Deportationen in Hamburg begannen. Es war die gleiche Ecke, die ich von Alsterspaziergängen kannte. Auf weiteren Bildern sahen wir Familien mit Kindern, die mit ihren Koffern auf die Züge warteten, mit denen sie abtransportiert wurden, manche der Menschen auf den Fotos lächelten sogar. In der Klasse herrschte damals Stille. Es war so verstörend. Ich erinnere mich, wie ich mich als 14-Jähriger zu schämen begann, Deutscher zu sein. Wie man die Großeltern plötzlich zu beobachten begann: Hatten sie vielleicht auch mitgemacht? Hatten sie Hitler gewählt?« Diese Scham und die Unwissenheit, die viele Heranwachsende umtrieb, prägte die eigene Identität und das westdeutsche Selbstverständnis entscheidend.

Heute wird kritisiert, dass die anfängliche Aufarbeitung des Nationalsozialismus in den Schulen zwar gut gemeint, aber in ihrer auf die Darstellung der Schuld konzentrierten Drastik für die Schüler:innen überfordernd und verängstigend war. Die Auseinandersetzung mit den NS-Verbrechen etwa in Form von Zeitzeug:innenberichte – wie es heute üblich ist – war noch wenig verbreitet. Stattdessen gab es Zahlen, deren Dimensionen überforderten: Sechs Millionen ermordete Jüdinnen und Juden, furchtbare Fotos von Leichenbergen und ausgemergelten KZ-Häftlingen. Oft fehlten Zusammenhänge und Bezüge. Vielleicht, weil auch die Lehrer:innen noch sprachlos waren und Antworten suchten: Hatten alle Deutschen Hitler gewählt? Warum hatten sie so einen Hass auf Jüdinnen und Juden? Können wir noch bestraft werden? Und die wichtigste Frage, die nicht beantwortet wurde: Wie konnten wir das alles zulassen? Gleichzeitig wurde in diesen Jahren das Ausmaß des Grauens, das die Kriegskinder – unsere Großeltern – erlebt hatten, jetzt erst in seiner Gesamtheit deutlich. Überall Tod. Trauer. Scham.

Am Ende der so beliebten Achtzigerjahre gehörten die Westdeutschen zu den unbeliebtesten in ganz Europa. Und der *Spiegel* titelt 1992: »Die unbeliebten Deutschen«. Als ich mit Freund:innen und Kolleg:innen im Bekanntenkreis, die ein paar Jahre älter sind als ich, über das eigene Empfinden zum Westdeutsch-Sein spreche, werden immer wieder die gleichen Geschichten von Scham und Überforderung mit der eigenen Identität erzählt. Es sind Geschichten wie diese eines Freundes, der sich an einen Schüleraustausch im Jahr 1988 erinnert:

»Ich erinnere mich, wie wir damals auf Klassenreisen ins Ausland immer wieder davor gewarnt wurden, dass einheimische Jugendliche Prügeleien anfangen könnten, wenn sie erführen, dass wir Deutsche sind. Das wirklich Schlimme daran war, dass man sie sogar verstehen konnte, schließlich hatten die Deutschen Frankreich besetzt und in England die Städte bombardiert. Ich erinnere mich an den Frankreich-Austausch, ein Abend in einem Hotel in Chambord, auf einem Fernseher läuft Eurovision, der deutsche Beitrag optisch und musikalisch ein Graus, ein Friede-Freude-Eierkuchenlied, so wie man sich Deutsche wohl im Ausland vorstellte: altbacken und opportunistisch. Für Frankreich ging eine schwarze Sängerin ins Rennen, progressive Musik, souveräne Grandezza, am Ende Zweitplatzierte knapp hinter dem Ersten. Deutschlands Platzierung im Niemandsland war eigentlich egal, nicht aber die höhnischen Kommentare der französischen Schüler:innen, bei denen wir zu Gast waren. Was uns in Frankreich wie in England dagegen negativ auffiel, waren die Symbole des Nationalstolzes. Die Trikolore, die überall hing, dieses ›Vive la France!‹ beim Eurovision-Schauen in der Hotelhalle.«

Ein anderer Freund erinnert sich an einen Austausch direkt nach dem Mauerfall im Jahr 1990. Er war zu Gast bei einer Familie im französischen Tours, die sich über ihren Gast aus dem »wilden Land«, das im positiven Sinne Geschichte geschrieben hatte, freute. Man saß abends bei Käse, Wein und Mineralwasser am gedeckten Esstisch. Diese stilvolle Gemütlichkeit, fern dessen, was wir in Deutschland als »Abendbrot« kennen, genoss auch die Austauschstudentin aus Norwegen, die zeitgleich bei der Familie lebte. Als die Gastmutter den deutschen Austauschschüler bat, doch zu erzählen, wie es nun sei in Deutschland, nach all der Freude, die auch nach Frankreich herübergeweht war, wie das war, als die Menschen mit ihren kleinen Autos über die Grenze gekommen waren, ob man jetzt oft in Ostdeutschland sei, ob sich Familien wiedergefunden hätten – da räusperte er sich und erzählte, als ob er etwas klarstellen müsste, von den Problemen, von den vielen Menschen, die übersiedelten, den Spannungen. Nachdem er exakt das wiedergegeben hatte, wie in seiner westdeutschen Heimat mittlerweile über den Mauerfall gedacht wurde, war aus dem stimmungsvollen französischen »diner« ein sehr deutsches Abendbrot geworden.

Für die Mehrheit meiner Generation, der »Generation Golf«, fand die Wiedervereinigung nur als Nachricht statt. Begegnungen, Austausch, Kennenlernen, das blieb alles aus. Trotz Partnerstadt und Klassenreise nach Berlin spürte auch ich als Teenager in meiner westdeutschen Kleinstadt kaum etwas von dem Wunder, das sich gerade in Europa ereignet hatte. In dem gleichnamigen Buch *Generation Golf* kommt die DDR mit nicht mehr als zwei Sätzen vor. Und wird abschließend mit den Worten bewertet: »Und das Ende der DDR kommentieren wir mit der Werbekampagne der Wirtschaftswoche: Jede Fusion hat ihre Verlierer. Wir sind schon schrecklich.«[49]

In der Schule lernten wir von der deutsch-deutschen Teilung und der Wende. Thematisiert wurde später auch die SED-Diktatur. Man sah *Wetten, dass..?*, machte Abitur, ging auf Raves, wurde erwachsen. Berlin wurde zum verheißungsvollen Ort der Freiheit, aber das Land außerhalb der Stadtgrenze wurde ignoriert. Der Eskapismus und Zynismus der Neunzigerjahre erscheint heute wie eine Kapitulation. Es war ein Leichtes, seinen Lebensweg so weiterzuführen, wie er war. Westdeutsche Selbstreflexion? Fehlanzeige.

Die Unsouveränen

Die Erfahrung meiner Generation, als Deutsche auf Ablehnung zu stoßen, war natürlich nicht exklusiv. Unsere Eltern waren damit in noch viel drastischerer Weise konfrontiert und gaben das Erlebte an uns weiter. Es klang oft trotzig, wenn man von ihnen hörte, dass den Deutschen vielleicht die Leichtigkeit und Genussfreude fehle, aber dafür das Land das wirtschaftlich stärkste in Europa sei. Dieser Trotz rührte daher, dass die Aufarbeitung gerade erst begonnen hatte, bislang hatte Schweigen geherrscht, und die Kinder, unsere Eltern, waren in dieser Atmosphäre aufgewachsen. Die Schuld, die sie spürten, versuchten sie, durch Disziplin und Leistung abzuschütteln. Das machte sich bei den europäischen Nachbarn nicht besonders gut. Die britischen Monty-Python-Komiker kritisierten einmal sinngemäß, dass die Deutschen nach allem, was sie im Zweiten Weltkrieg angerichtet hätten, doch einfach Mal lockerlassen könnten, statt gleich eine Wirtschaftsweltmeisterschaft zu starten, die sie mit Abstand gewannen. Es war vor allem ein wirtschaftliches Selbstbewusstsein, mit dem die Westdeutschen in die Einheit gegangen sind. Eines, das vieles beflügelte, von der Währungsunion bis zu den Privatisierungen, das das Verhältnis zu Ostdeutschland aber langfristig beschädigte.

Für westdeutsche Jugendliche, die sich so wenig mit Deutschland identifizieren konnten, gab es einen Ort der Verheißung: die USA. Ihre Insignien hatten damals einen Wert, den man sich heute kaum mehr vorstellen kann. Der Getränkehersteller Pepsi warb mit Knibbelbildern, das waren die Dichtungsgummis in den Flaschendeckeln, die man lösen konnte und auf denen sich Bilder von Harley Davidsons, dem Weißkopfseeadler und der Freiheitsstatue fanden. Die USA waren in unserer Vorstellung das Gegenteil von dem, was wir aus unserer Heimat kannten. Kleingartenvereine, Hausmeister und Sendeschluss – das gab es in Amerika nicht, die Geschäfte waren sogar sonntags geöffnet. Da war das Versprechen von Weite und Freiheit, von Menschen verschiedener Ethnien, die sich als Amerikaner:innen verstanden. Als »99 Luftballons« in den USA die Charts stürmte, waren wir ungläubig und stolz zugleich. Mit der deutschen Sängerin Nena konnte man sich gut identifizieren.

All das muss man im Hinterkopf haben, um die Reaktionen nach dem Mauerfall zu verstehen. Wer sich heute die US-amerikanische Liveberichterstattung aus jenen Tagen auf YouTube ansieht, von dem Weltereignis, das CNN-Korrespondent Peter Jennings als »astonishing moment in history« bezeichnet, bleibt nicht unberührt, es sind bewegende Szenen von Menschen, die eine Befreiung feiern.

Aber in der Erinnerung ist die Reaktion auf westdeutscher Seite viel zurückhaltender. Wie bei dem Freund, der sich an die Zeit im französischen Tours erinnert: »Ich war abends beim Handballtraining, da kam die Nachricht: Die Mauer ist gefallen. Es wurde dennoch zu Ende trainiert.« Eine Bekannte erzählt, sie sei auf einer Produktion in London gewesen. »Maueröffnung? Really? So what.« Zuhause läuft der Fernseher, es sind noch keine Bilder von jubelnden Menschen zu sehen, sondern westdeutsche Korrespondent:innen, die die Konsequenzen der Entscheidung der DDR-Behörden, die Ausreise zu erlauben, noch nicht so richtig begreifen wollen. Da ist noch Misstrauen spürbar, wie immer, wenn es im West-Fernsehen um die DDR geht. Die tatsächlichen Dimensionen werden erst am nächsten Tag deutlich. Aber in der Schule diskutiert die Lehrerin zunächst darüber, dass der 9. November in Deutschland ein belastetes Datum sei – schließlich jährte sich die Pogromnacht von 1938 einen Tag zuvor zum 51. Mal. Ein deutscher Schicksalstag. Kein Tag der Freude.

Immerhin wird im Fernsehen gezeigt, dass die Läden in Westberlin Sonderschichten machen, um der Nachfrage der Ostberliner:innen gerecht zu werden. Und dann steht da eben Peter Jennings, der berühmte CNN-Anchorman, auf westlicher Seite vor dem Brandenburger Tor und zeigt die Menschen, die sich gegenseitig auf die Mauer helfen. Für einen Moment freut sich die ganze Welt mit den Deutschen. Der Schatten der Vergangenheit aber holt das Land schnell wieder ein, denn es gibt noch andere Weltpolitiker:innen als Michail Gorbatschow und George W. Bush. Margaret Thatcher stellt sich quer und äußert 1990, dass die Wiedervereinigung »bittere Erinnerungen an die Vergangenheit« auslöse. Sie ist nicht die einzige internationale Politikerin, die kein vereintes Deutschland mitten in Europa will.

War das die Angst, die wir Deutschen selbst teilten, ohne dass wir sie benennen konnten? Wir Kinder der Achtzigerjahre kannten die deutsche Fahne vor allem vom Sendeschluss, wenn die Nationalhymne gespielt wurde, in der ursprünglichen Streichquartett-Version. Da wurde sie gezeigt, flackernd im Wind, auf der Kuppel des Reichstags. Am ersten Jahrestag der Deutschen Einheit fühlte ich angesichts der schwarz-rot-goldenen Fahnen, die plötzlich an öffentlichen Gebäuden hingen, ein beträchtliches Unbehagen. Und dieses Unbehagen hielt lange Jahre an.

Vielleicht ist das der große Unterschied zwischen Ost und West, der am 9. November noch niemandem klar ist: Hier treffen Menschen, die sich gerade aus eigener Kraft aus einer Diktatur befreit haben, die große Lust auf den Westen haben, auf Menschen, deren Diktaturerfahrung gerade schmerzlich aufgearbeitet wird und die zwangsläufig einen anderen Blick auf ihre (west-)deutsche Identität haben. Die sich überhaupt nicht sicher mit sich selbst sind, die sich noch immer damit schwertun, eine Antwort auf die Frage zu finden, wie sie ihre nationale Identität definieren würden. Ein komplexbeladenes Volk, das sich in Europa ungeliebt fühlt, immer noch auf Bewährung, aller erreichten Privilegien wie Wohlstand und Freiheit zum Trotz. Es ist in dieser Konsequenz aus heutiger Sicht nachvollziehbar, dass es Westdeutschen aufgrund ihrer Identitätsproblematik gar nicht möglich war, frei von Misstrauen, Arroganz und Vorsicht auf Ostdeutsche zuzugehen. Westdeutschland war 1989 vielleicht ein souveränes Land, für seine Bewohner:innen galt das nicht.

Wer sind wir als Deutsche?

Wen beim Anblick der schwarz-rot-goldenen Deutschlandfahne ein unangenehmes Gefühl überkommt, spürt, wie sich unsere nationale Identität anfühlt: wie ein Problem. Wenn zwei Dinge identisch sind, dann ist damit gemeint, dass sie sich hundertprozentig gleichen. Die lateinische Wortbedeutung lautet: derselbe. Es müsste also dem Wortsinn nach ganz einfach sein: Identität fasst etwas zusammen, was sich äußerlich wie innerlich gleicht, also eine Zusammengehörigkeit definiert. Sich mit etwas zu identifizieren, impliziert eine Bejahung: »Damit kann ich mich identifizieren«. Bezogen auf die nationale Identität werden hieran aber schnell die Grenzen der Begrifflichkeit deutlich. Ist nationale Identität gleichzusetzen mit Staatsangehörigkeit? Hat man qua Geburt eine nationale Identität? Oder ist nationale Identität ausschließlich ein Konstrukt und Privileg jener, deren Zugehörigkeitsgefühl auf positiven Erfahrungen mit dem Ort in Verbindung steht, an dem sie geboren und aufgewachsen sind?

Wer bin ich als Deutsche:r in diesem Land? Sprechen wir von einer »nationalen Identität«, dann wäre in dieser Argumentationsfolge gemeint, dass alle Menschen, die über dieselbe Staatsangehörigkeit verfügen, bestimmte Merkmale und Eigenschaften auszeichnen. Diese gleichen sich im Sinne ihrer Herkunft, können also zum Beispiel als »typisch deutsch« oder »typisch britisch« bezeichnet werden. Aber wer bestimmt diese Zuschreibungen? Worauf fußen sie? Und kann tatsächlich allgemeingültig definiert werden, was »typisch deutsch« oder »typisch britisch« ist? Sind alle Deutschen pünktlich und diszipliniert und verfügen alle Brit:innen über schwarzen Humor und gehen nach Feierabend in den Pub?

Was die Zugehörigkeit eines Menschen zu einer Nation ausmacht, speist sich aus Klischees, Mutmaßungen, Narrativen und ist vor allem eines: emotional geprägt. Mit wissenschaftlichen Kriterien ist dem Begriff nur schwer beizukommen. Um die Definitionsproblematik zu verdeutlichen, zitiert die Soziologin Doreen Singer in ihrer Publikation *Nationale Identität als einzigartige Identitätsform* den Erziehungswissenschaftler Norbert Ricken: »Die Beantwortung der Frage, als wer sich jemand selbst versteht, lässt sich weder von der sozialen Reaktion zu anderen noch der zeitlichen Relation zu sich selbst (Biografie) trennen und unterliegt stetem Wandel.«[50]

Die Frage, was Deutsche vereint und sie von anderen Nationen unterscheidet, wird schon weit vor der Gründung des deutschen Nationalstaats 1871 auf kultureller wie auf politischer Ebene diskutiert. Die Floskel vom »Land der Dichter und Denker« hat ihren Ursprung in einem beachtlichen Aufkommen von Ausnahmeschriftstellern wie Johann Wolfgang von Goethe, Friedrich Schiller oder Heinrich Heine. Aber diese stellten vor allem Kopflastigkeit bei den Deutschen fest. Goethe, bekennender Italien-Fan, schrieb in entsprechender Abgrenzung etwa: »Die Deutschen sind übrigens wunderliche Leute! Sie machen sich durch ihre tiefen Gedanken und Ideen, die sie überall suchen und überall hineinlegen, das Leben schwerer als billig. Ei, so habt doch endlich einmal die Courage, euch den Eindrücken hinzugeben, euch ergötzen zu lassen, euch rühren zu lassen, euch erheben zu lassen, ja euch belehren zu lassen und zu etwas Großem entflammen und ermutigen zu lassen! Aber denkt nur nicht immer, es wäre alles eitel, wenn es nicht irgend abstrakter Gedanke und Idee wäre.«[51] Und der nach Frankreich emigrierte Heine litt zeitlebens an den Deutschen, was ganz sicher auch an seinen Diskriminierungserfahrungen aufgrund seiner jüdischen Herkunft, der Zensur seiner Werke und der zu seinen Lebzeiten aufkommenden nationalistischen Strömungen in seinem Geburtsland lag.

Die Vielfalt des Deutschen Reichs, die auf der Kleinstaaterei des Heiligen Römischen Reichs gründete, führte – wenig überraschend – nicht zu einem einheitlichen Nationalgefühl, wie wir es vielleicht von

Frankreich oder England kennen, sondern zu einer Radikalisierung der Kräfte im Land, die den Ton für alle angaben. Der britische Historiker James Hawes betrachtet die rücksichtslose Reichsgründung durch Otto von Bismarck als »eine Hypothek für die Zukunft Deutschlands und Voraussetzung für den Eintritt der unheilvollen Jahre«, in denen Deutschland zwei Weltkriege anzettelt und Menschheitsverbrechen begeht, die den Identitätsbezug der Deutschen bis heute stark belasten.[52]

Das war auch Grundlage für die Schöpfung eines Schlagwortes, das die Debatte, wer oder was Deutsche auszeichnet, stark beeinflusste. Die Rede ist vom »hässlichen Deutschen«. Tatsächlich wurde dieser Begriff in der antideutschen Propaganda geprägt, etwa in England während des Ersten Weltkrieges. Wie wir heute wissen, erfuhr er dann im weiteren Verlauf der Geschichte seine furchtbare Bestätigung, die im beispiellosen Holocaust mündete.

Wenn das eigene Identitätsgefühl tatsächlich von Bewertungen und Projektionen von außen beeinflusst und geformt wird, dann dürfte keine Nation ein schwierigeres Verhältnis zu sich selbst haben als die Deutschen. Ein Verhältnis, das wie eine Last erscheint, gekennzeichnet durch: Militarismus, Arroganz und Härte. Und diese Last wurde in der weltweit als demokratisch vorbildlich gewürdigten westdeutschen Bundesrepublik von Generation zu Generation weitergegeben. Bis in die Neunzigerjahre machten Deutsche negative Erfahrungen im europäischen Ausland, wenn sie ihre Identität preisgaben.

Der österreichische Schriftsteller Karl-Markus Gauß beschreibt in seinem Essay »Österreichs Helden, Österreichs Lumpen« aus dem Jahr 2019 eine solche Situation aus nichtdeutscher Perspektive: »Als ich nach der Matura im seligen Jahr 1972 zum ersten Mal ein wenig in Europa unterwegs war, machte ich eine merkwürdige Erfahrung. Wohin immer mein Freund aus dem Gymnasium und ich kamen, mit langen Haaren, wenig Geld und einem neuartigen Bahnticket namens Interrail in der Tasche, stießen wir auf freundliche Aufnahme, sobald die Leute erkannt hatten, dass wir, die wir uns auf Deutsch unterhielten, keine Deutschen, sondern Österreicher waren. Die Sympathie, die uns, gleich ob in Holland oder Frankreich, entgegenschlug, galt nicht nur uns beiden als Individuen, zwei Maturanten aus Salzburg, sondern vielmehr den Österreichern, die wir waren, den Angehörigen eines Staates, mit dem die meisten Europäer damals etwas unbestimmt Positives verbanden. Diese Sympathie für die Österreicher wurde durch eine Antipathie gesteigert; nämlich durch die Abneigung, auf die allenthalben die Deutschen stießen, die als Preußen, als ›Boches‹ verschrien waren und fast überall mit Misstrauen, wenn nicht gar Ablehnung betrachtet wurden. Die Gleichaltrigen aus Deutschland, die wir trafen, konnten wir nur bedauern, denn als wären sie Repräsentanten eines Staates, dem nicht zu trauen war, schienen sie all jene Ressentiments auf sich zu ziehen, die man uns ersparte.«[53] Holocaust, Krieg, Bitterkeit, die langsame Aufarbeitung. So viel Schuld. So viel Scham. Wollte man einem Volk angehören, das so hässlich war?

Wenn man vom Jahr 2022 auf die Entwicklung des Images der Deutschen blickt, stellt man fest, dass sich seit Gründung der Bundesrepublik die antideutsche Stimmung deutlich abgeschwächt hat. Doch auch heute noch kursieren stereotype Vorstellungen, etwa über die humorlosen oder aggressiven Deutschen – vor allem im europäischen Ausland. Und in bestimmten Zusammenhängen, wie etwa den ausländerfeindlichen Pogromen in Deutschland in den Neunzigerjahren oder der Eurokrise ab dem Jahr 2010, blühen sie schnell wieder auf.

Gleichzeitig wird Deutschland als multikultureller und gesellschaftlich progressiver wahrgenommen. Als Gründe dafür sind zum Beispiel die Fußball-Weltmeisterschaft 2006 und die Aufnahme von Geflüchteten im Jahr 2015 zu nennen. Und dann ist da noch Berlin, das als weltweiter Sympathiebooster für Deutschland fungiert, weil es so gut darin ist, Menschen aus verschiedensten Kulturen zu vereinen – und dabei völlig unverdächtig bleibt, jemals etwas auszustrahlen, das mit dem vielzitierten Perfektionswahn der Deutschen in Verbindung gebracht werden könnte. In einem Radiobeitrag im Deutschlandfunk bekräftigt der 1982 geborene Schauspieler Robert Stadlober diese These.

Bezogen auf seine jugendliche Sturm-und-Drang-Zeit erzählt er, dass es im Ausland stets die beste Idee gewesen sei, zu sagen, dass er aus Berlin komme, nicht, aus Deutschland.[54]

Ost- und West-Ideologie

Ob West oder Ost, beide Seiten hatten ihre Ideologien, ihre Wahrheiten und Vorurteile. Man kann sich heute nicht mehr vorstellen, wie pathologisch die Angst vor dem Kommunismus in den USA zur Zeit des Kalten Krieges war. Vor allem in den Fünfziger- und Sechzigerjahren provozierte sie nicht nur eine Verfolgung politisch Andersdenkender im Land der Freiheit, sondern sie führte auch zu schwerwiegenden politischen Entscheidungen. Kriegseinsätze wie in Korea und Vietnam lassen sich nur aus ihrer Zeit heraus erklären und belasten das Land bis heute.

Aber auch in der damaligen Bundesrepublik herrschte der Kalte Krieg. Als Willy Brandt 1970 vor dem Ehrenmal des jüdischen Ghettos in Warschau auf die Knie fiel, wurde der Kanzler vor allem aus den Reihen der CDU/CSU derart beschimpft, wie es heute nur in den sozialen Medien üblich ist. »Vaterlandsverräter« war noch eine der harmloseren Beleidigungen. Zwei Jahre später, im Januar 1972, sorgte Brandt mit dem »Radikalenerlass« selbst dafür, dass unter anderem Lehrer:innen aus dem Schuldienst entlassen wurden, wenn ihnen eine Mitgliedschaft in der KPD oder einer anderen kommunistischen Organisation nachgewiesen werden konnte. Der Erlass erlaubte die Überprüfung der Verfassungstreue von Bewerber:innen und Beschäftigten des öffentlichen Dienstes. Ich erlebte das noch Anfang der Neunzigerjahre, als eine Lehrerin von einem auf den anderen Tag meine Schule verlassen musste. Ohne Aufklärung in den Klassen. Oder vor den Eltern. Die Erwachsenen tuschelten hinter vorgehaltener Hand: Kommunistische Partei. Gefahr für die Kinder. Gute Entscheidung.

Es gab in diesen aus heutiger Sicht hysterischen Zeiten auch immer wieder Phasen der Entspannung, besonders in den Siebziger- und Achtzigerjahren. Die Wahl des polnischen Bischofs Karol Wojtyła 1978 zum Papst als Johannes Paul II. war so ein Moment, als der Ostblockstaat plötzlich ein persönliches, identifizierbares Antlitz bekam, schließlich sprach der Papst für die römisch-katholische Kirche und nicht für den Parteiapparat. Polen blieb im Blickpunkt des Westens, denn der Papst unterstützte die Reformbewegungen, die sich 1980 regten und als »Solidarność« in die Geschichte eingingen. Auslöser war eine Erhöhung der Fleischpreise, woraufhin es zu landesweiten Arbeiterstreiks kam. Die Proteste waren besser koordiniert als vorangegangene Aufstände und erfassten so schnell weite Teile des Landes. Auch viele intellektuelle Regimekritiker:innen unterstützten sie. Die offizielle

Gründung erfolgte am 17. September 1980, die staatliche Anerkennung am 10. November 1980. Mit der Gewerkschaft Solidarność und ihrem Vorsitzenden Lech Wałęsa hatte das polnische Volk eine in einer Diktatur beispiellose Interessenvertretung, die vom Westen Unterstützung erfuhr.

Das Märchen endete jedoch schon ein Jahr später durch rigides Eingreifen der Machthaber: Solidarność wurde verboten und es kam zu Verhaftungen der führenden Gewerkschaftsmitglieder. Noch 1984 ermordete der polnische Geheimdienst den katholischen Geistlichen und Solidarność-Unterstützer Jerzy Popiełuszko. Die Proteste des Westens endeten irgendwann, als Teil des Gewöhnungseffekts, der sich im Verlauf der Zeit eingestellt hatte. Man wusste, wie das Spiel endet, wenn sich im Osten irgendwo die Demokratie aus dem Boden kämpfte.

All das war für uns in den Achtzigerjahren weit weg. Wir wussten zwar über Ereignisse wie den Prager Frühling Bescheid, aber kaum etwas über das Leben und den Alltag in Polen, Ungarn oder in der Tschechoslowakei. Es waren Staaten ohne Gesicht, hinter dem Eisernen Vorhang, grau und unwirtlich, für die der Westen die Verheißung sein musste. Da ist die Geschichte eines Freundes, die von der polnischen Familie Succow handelt, die Mitte der Achtzigerjahre nach Westdeutschland geflüchtet und in die Nachbarschaft gezogen war. Der Vater war Anwalt und hatte in Polen eine Zeit lang im Gefängnis gesessen, bis er es auf abenteuerliche Weise geschafft hatte, über die DDR nach Deutschland auszureisen. Der Vater meines Freundes versuchte die Familie aus ihrer Isolation zu holen und lud Herrn Succow regelmäßig zum Schachspiel ein, doch viel wollte er über seine Vergangenheit nicht preisgeben. Ihm war daran gelegen, Deutsch zu lernen und so blieben die Gespräche zunächst sehr oberflächlich. »Er traut mir nicht«, mutmaßte der Vater des Freundes und erzählte, dass die Menschen im Ostblock eben niemandem trauen könnten. Wenn Herr Succow spät am Abend heimging, dann fand der Vater meines Freundes auf dem Boden unter dem Tisch zerrissene Fasern eines Papiertaschentuchs, kleinste Kügelchen, wie frisch gefallener Schnee. Auch die beiden Söhne von Herrn Succow, sechs und acht Jahre alt, verhielten sich zurückhaltend und sehr vorsichtig in ihrer neuen westdeutschen Nachbarschaft, doch willkommen dürften sie sich nie gefühlt haben. Dafür sorgten die anderen Kinder, die schnell herausfanden, was »Polenschwein« auf Polnisch heißt: »polska świnia«. Es wurde zum Kampfruf, wenn sich die beiden Jungen aus dem »Ostblock« auf den westdeutschen Spielplatz trauten.

Der Begriff »Ostblock« wurde in den Achtzigerjahren selbstverständlich verwendet, wenn man die Sowjetunion und ihre Satellitenstaaten in einem Zuge nennen wollte, das machte die *Tagesschau* genauso wie der Bundeskanzler. Im Osten der Block, im Westen die Vereinigten Staaten. Wörter wie Bilder. »Eiserner Vorhang« war auch so ein Schlagwort mit bildstarker Wirkung: Kälte, Abschottung. Eisern. Ab-blocken. Versperren statt öffnen. Dieser Block war in der westlichen Darstellung so uniform, dass man als Teenager in dieser Zeit gar nicht darauf kam, dass sich dahinter verschiedene Nationalitäten verbargen. Erst eine Atomexplosion in Tschernobyl sorgte dafür, dass man erfuhr, dass es ein Land wie die Ukraine gab. In der deutschen Ausgabe des Satiremagazins *Mad* war damals ein Bild von leuchtenden Fußballspielern zu sehen, darunter stand: »Ukrainische Nationalmann-schaft«.[55]

Aus heutiger Sicht, besonders nach dem 24. Februar 2022, als die russische Invasion in die Ukraine begann, erscheint es einem nicht nur ignorant, sondern zutiefst befremdlich, so reagiert zu haben. Denn mit der In-vasion in ein demokratisches europäisches Land zeigte sich eine bisher ungesehene Solidarität. Polen nahm, trotz der schwierigen eigenen Geschichte mit der Uk-raine, Geflüchtete unbürokratisch und mit offenen Armen auf. Deutschland und Polen setzten Sonder-züge ein, um die Ukrainer:innen auf unterschied-liche Städte zu verteilen. Am Berliner Hauptbahnhof standen mehr als tausend Menschen, die Geflüchte-ten eine Unterkunft anboten. Einige mit Schildern in der Hand: Mutter, Kind, Katze/Hund willkommen. Im *Spiegel* kommen polnische Schriftsteller:innen zu Wort, wie schon 2014, als die Krim annektiert wurde.

Viele Intellektuelle sind auf Deutschland wütend, auf das Land der »Putin-Versteher«. Andere wollen keine Vorwürfe erheben, sondern zur Verständigung beitragen. Trotz der zivilisatorischen Errungenschaften, trotz der Solidarität, braucht es auch heute noch gemeinsame Anfänge.

Vor dreißig Jahren gab es nicht einmal die. Man wusste zu wenig über die Sowjetunion. Die ständigen diplomatischen Auseinandersetzungen zwischen West und Ost bestimmten die Abendnachrichten. 1980 boykottierten unter anderem die USA und Deutschland die Olympischen Spiele in Moskau aufgrund der sowjetischen Intervention in Afghanistan. 1984 nahm dann die Sowjetunion als Revanche nicht an den Spielen in Los Angeles teil. Als der 18-jährige Hamburger Mathias Rust 1987 mit seiner Cessna auf dem Roten Platz in Moskau landete, feierte der Westen ihn als tollkühnen Helden, der die »Apparatschiks« vorführte, während Stimmen hierzulande weniger Gehör fanden, die betonten, welchen Irrsinn dieser Flug bedeutete und dass Rust sich nicht nur selbst, sondern viele andere Menschen in Gefahr gebracht hatte. Das Bild war die bessere Botschaft. Zur Völkerverständigung trugen diese Nachrichten nur wenig bei.

Als sich am 26. April 1986 gegen halb zwei Uhr nachts im Reaktorblock 4 in Tschernobyl eine Kernschmelze ereignete, dauerte es drei Tage, bis die Nachricht des Super-GAUs in Deutschland ankam. Bis das ganze Ausmaß deutlich wurde, verging fast eine

Woche. Dann plötzlich ist das Spielen auf dem Rasen verboten, verschwindet die Milch im Supermarkt, werden Kühe und Schweine notgeschlachtet. Mit der Reaktorkatastrophe bestätigt sich das Misstrauen zwischen Ost und West. Und die deutschen Medien verstärken das Gefühl. Es geht in den ersten Tagen oft um Kritik an der Informationspolitik der Sowjetunion, es werden Ausschnitte aus sowjetischen Nachrichtensendungen gezeigt, die belegen, wie wenig die Behörden dazu bereit sind, den Menschen vor Ort die Wahrheit zu sagen. In einem Beitrag der *Tagesschau* vom 29. April 1986 weist der Sprecher darauf hin, dass die Sowjetunion die Sicherheit von Atomkraftwerken nur dann thematisiere, wenn es sich dabei um Störfälle im Westen handeln würde.

Die Beunruhigung in der deutschen Bevölkerung ist groß, schließlich weiß der Westen aus Erfahrung, dass er Informationen der Sowjets nicht trauen kann. Und Fakt ist: Die um drei Tage verspätete Nachricht durch die sowjetischen Behörden ist nicht nur fahrlässig, sie riskiert Menschenleben – nicht nur in der akut betroffenen Region, sondern weit darüber hinaus. Aber auch der Westen hat seine Probleme mit der Wahrheit. Am selben Tag verbreitet der damalige Innenminister Friedrich Zimmermann mit einer aus heutiger Sicht atemberaubenden Unverfrorenheit, eine Gefährdung für die Bevölkerung in Deutschland sei »absolut auszuschließen«. Gefahr bestünde überhaupt nur für die Menschen in einem 30-bis-50-Kilometer-Radius rund um den Reaktor, wir seien zweitausend Kilometer entfernt. Die bereits in Skandinavien gemessene erhöhte Radioaktivität könne noch »zehn bis zwanzig Mal« höher ausfallen und bliebe dennoch unter den Grenzwerten.[56] Was er nicht sagt: Die Bundesrepublik trifft das Ereignis vollkommen unvorbereitet. Einen Notfallplan gibt es nicht.

Der CSU-Politiker Zimmermann wird schnell von den Ereignissen eingeholt, spätestens mit dem ersten Regen, der in Deutschland flächendeckend fällt, wird die Gefahr akut. Die Bundesregierung bleibt dennoch bei ihrem Standpunkt, dass davon keine Gefährdung ausgehe. Die Strahlenbelastung in Deutschland aber steigt rasant. Der Innenminister beschwichtigt, während die Maßnahmen der Bundesländer schon eine andere Sprache sprechen: Öffentliche Spielplätze werden geschlossen, ganze Rasenflächen werden abgetragen, in Hamburg warnt der Senat sogar davor, das Haus bei Regen zu verlassen.

Heute wissen wir, dass die Sorgen der Bevölkerung, die statt zur frischen Milch lieber zur Dosenmilch griff, gerechtfertigt waren. Selbst in Deutschland kam es nach dem Unfall zu einer Häufung von Fehlbildungen bei Neugeborenen, die Säuglingssterblichkeit war erhöht, genauso wie die Rate von Leukämieneuerkrankungen. Noch heute sind Waldgebiete in Süddeutschland radioaktiv belastet, Pilzsammler:innen leben in diesen Regionen riskant: »Im Extremfall enthält eine einzelne Mahlzeit dieser Pilze mehr Cä-

sium-137 als man mit anderen Lebensmitteln aus land-
wirtschaftlicher Produktion in einem ganzen Jahr zu
sich nimmt«,[57] gab das Bundesamt für Strahlenschutz
2019 in einer Pressemitteilung an.

Man muss der Bundesregierung zugutehalten, dass
ihre Fehleinschätzung in Bezug auf die Nuklearkatas-
trophe von Tschernobyl zur Gründung des Umwelt-
ministeriums im Juni 1986 führte. Aber diese Episode
macht auch deutlich, dass in der politischen Darstellung von Wahrheiten der Westen nicht immer weit
entfernt war vom sogenannten Ostblock. Vorwürfe,
die gegenüber mauernden Sowjets laut wurden, weil
sie relevante Informationen zurückhielten, hätten
auch an die westdeutsche Bundesregierung gerichtet
werden können angesichts der Tatsache, dass sie die
Vorbereitung auf einen möglichen Super-GAU verschlafen hatte.

Ideologie und Propaganda waren auch im Westen
Realität, aber sie wurden nicht leicht als solche erkannt.
In der Bundesrepublik waren sie qua Grundgesetz
eigentlich gar nicht existenzfähig, das lernten wir in
der Schule: demokratische Wahlen, Gewaltenteilung,
Pressefreiheit. Jede:r im Westen hat die Möglichkeit,
die Wahrheit zu erfahren. Doch Wahrheiten gelangen
zumeist nur dann in die eigene Wahrnehmung, wenn
sie zu Scheinwahrheiten gemacht werden, die einem
gefallen – da ist der Unterschied zwischen West und
Ost gar nicht so groß.

Ein Wahrheitsmacher dieser Zeit war Elton John

mit seinem Popsong »Nikita«, in dem er die unglückliche Liebe zu einer ostdeutschen Grenzsoldatin verarbeitet und in dem es gleich zu Beginn um die herrschende Kälte geht (»Hey Nikita is it cold?«) und der Behauptung, dass sich die Welt von Ostdeutschen in einem sehr engen Rahmen bewegt (»In your little corner of the world«). Der Songtext steckt voller Klischees, die die Tragik verdeutlichen, dass sich zwei Menschen aufgrund der Teilung nicht treffen können. Das dazugehörige Video wirkt aus heutiger Sicht unfreiwillig komisch, der strohbehütete Elton John im roten Bentley vor dem Grenzübergang, hinter dem Zaun Soldaten einer Pseudo-Ostarmee, Stechschritt, Schneefall. »Nikita« war wochenlang auf Platz Eins der deutschen Charts.

Inhaltlich differenzierter war da Billy Joels »Leningrad«, das er im Anschluss an eine Tour durch die Sowjetunion im Jahr 1987 schrieb. Der Anti-Kriegs-Song verknüpft sein Aufwachsen in den USA mit dem Lebensweg des mit ihm befreundeten russischen Clowns Viktor Razinov aus Leningrad. Er vermittelt dabei die völkerverständigende Botschaft, dass Krieg sinnlos ist und es zwischen den Menschen in Ost und West mehr Verbindendes als Trennendes gibt. »Leningrad« war ebenfalls ein Charterfolg im friedensbewegten Deutschland der Achtzigerjahre. Auch wenn es letztlich bei Klischees blieb, immerhin versuchten Musiker es, in der Zeit des Kalten Krieges, Bilder voneinander in der Öffentlichkeit zu zeigen.

Wer wollen wir sein?

Als Angela Merkel im Jahr 2021 in Halle auf der Feier
zur Deutschen Einheit steht, 32 Jahre nach dem Mauerfall, spricht sie von einer Wahrheit, die lange auf
sich warten ließ. Liegt es an ihrem baldigen Abgang?
An einer neu gewonnen Freiheit? Sie spricht über Errungenschaften und Herausforderungen, wie es so
oft politisch bemüht heißt, die die Nachwendezeit
mit sich gebracht hat. In der Georg-Friedrich-Hän-
del-Halle sitzen die geladenen Gäste hintereinander
im Mindestabstand, ein Publikum aus Politik, Wirtschaft und Gesellschaft. Entscheiderinnen. Und Entscheider.

Merkel wirkt müde, aber auch ein bisschen trotzig,
als sie sagt: »Müssen nicht Menschen meiner Generation und Herkunft aus der DDR die Zugehörigkeit zu
unserem wiedervereinigten Land auch drei Jahrzehnte
nach der Deutschen Einheit gleichsam immer wieder
neu beweisen, so als sei die Vorgeschichte, also das Leben in der DDR irgendwie eine Art Zumutung?« Sie
blickt kurz in die Gesichter der Gäste, Schäuble hat

den Blick gesenkt und sitzt in sich zusammengesunken, Olaf Scholz lächelt knapp.

Dann fährt Merkel fort und ihre Stimme erfüllt wieder den Raum: »Ich möchte Ihnen dazu ein Beispiel aus meinem Leben erzählen. In einem Ende letzten Jahres von der Konrad-Adenauer-Stiftung herausgegebenen Buch heißt es in einem dort veröffentlichten Aufsatz über mich: ›Sie, die als Fünfunddreißigjährige mit dem Ballast ihrer DDR-Biographie in den Wendetagen zur CDU kam, konnte natürlich kein ›von der Pike auf‹ sozialisiertes CDU-Gewächs altrepublikanischer Prägung sein.‹ Zitatende. Die DDR-Biographie, also eine persönliche Lebensgeschichte von in meinem Fall 35 Jahren in einem Staat der Diktatur und Repression – ›Ballast‹? Dem Duden nach also eine ›schwere Last, die‹ – in der Regel – ›als Fracht von geringem Wert zum Gewichtsausgleich mitgeführt wird‹ oder als ›unnütze Last, überflüssige Bürde‹ abgeworfen werden kann?« Sie lächelt beim letzten Satz und sagt: »Das war der Duden.«

Im Publikum beschämtes Lächeln, zusammengefaltete Hände, Hin- und Herrutschen auf den Stühlen. »Ich erzähle das hier nicht, um mich zu beklagen, denn ich bin nun wirklich die Letzte, die Grund hätte, sich zu beklagen. Ich erzähle es auch nicht als Bundeskanzlerin. Ich möchte es vielmehr als Bürgerin aus dem Osten erzählen, als eine von gut 16 Millionen Menschen, die in der DDR ein Leben gelebt haben, die mit dieser Lebensgeschichte in die Deutsche Einheit gegangen waren, und solche Bewertungen immer wieder erleben. Und zwar, als zähle dieses Leben vor der Deutschen Einheit nicht wirklich. Ballast eben. Bestenfalls zum Gewichtsausgleich tauglich, im Grunde aber als unnütze Last abzuwerfen.«[58]

Es klingt wie eine Empörung. Eine, die dennoch unerhört bleibt. Wenige Wochen später, Ende Januar 2022, wird der neue Ostbeauftragte der Bundesregierung, Carsten Schneider, im *heute journal* des ZDF vorgestellt. Ein Staatsminister nun, mit einem Büro direkt unter dem von Bundeskanzler Olaf Scholz. Ohne eigenes Budget zwar, aber der Osten solle jetzt Chefsache werden. Doch es bleibt in diesem Bericht vor allem eines hängen, ein Satz, der eine Spitze hat: »Im Plattenbau in Erfurt groß geworden, als Sohn einer Alleinerziehenden, der sich für seine Ostbiographie nie geschämt hat.« Als ob man sich für ein Leben im Osten schämen müsse.

Im Gegenteil, wie Merkel an jenem 3. Oktober in Halle betont: »Bis heute, davon bin ich überzeugt, wird zu wenig gesehen, dass die Wiedervereinigung für die allermeisten Menschen in Westdeutschland im Wesentlichen bedeutete, dass es weiterging wie zuvor, während sich für uns Ostdeutsche alles veränderte: Politik, Arbeitswelt, Gesellschaft. Wer in seinem Leben vorankommen wollte, musste sich natürlich mit verändern.« Doch diese Freiheit, auch das sagt Merkel, »brach nicht einfach über uns herein, diese Freiheit wurde errungen. Das Land, das wir heute als wiedervereinigtes feiern, konnte werden, weil es Menschen in der DDR gab, die für ihre Rechte, für ihre Freiheit, für eine andere Gesellschaft alles riskiert haben.« Mit Freiheit, auch das muss gesagt werden, war in den Jahren nach der Wiedervereinigung wirtschaftliche Freiheit gemeint. Es gab keine gemeinsame neue Freiheit. Keine gemeinsamen neuen Werte und den Blick auf eine neue Welt. Es herrschte Angst im Westen, die alte Welt zu verlieren.

Ideologien bringen Menschen auseinander. Das gilt auch für die westdeutsche Beeinflussung während der Mauerzeit und danach. Bis in den August 1989 ließ der Axel Springer Verlag die DDR in Anführungszeichen drucken, eine orthographische Nichtanerkennung. Der damalige Chefredakteur der zu Springer gehörenden Tageszeitung *Die Welt,* Manfred Schell, kommentierte die Änderung mit den Worten: »Wir verzichten, was die Schreibweise der DDR betrifft, jetzt auf Symbolik, die uns als formaler Vorwand gegen unser Bemühen, auch die Menschen im Osten zu erreichen und ihnen unseren Standpunkt zu Freiheit und Selbstbestimmung zu vermitteln, entgegengehalten werden konnte.«[59]

Sprache ist wesentlich. Das gilt damals wie heute. Wie lange sagen wir noch »Ost und West«, wie lange noch »Ostdeutschland« und »neue Bundesländer«? Es wäre doch ein Leichtes, die Bundesländer konkret zu benennen: Rheinland-Pfalz und Thüringen, Niedersachsen und Sachsen. Nicht mehr über »Ostwahlen«

zu schreiben, sondern über Landtagswahlen. Wir sind bis heute zwei getrennte Gesellschaften.

Das macht auch die Geschichte von »Zonen-Gaby« deutlich, die man im Magazin der *Süddeutschen Zeitung* nachlesen kann. Der Artikel stammt aus dem Jahr 2010 und heißt »Zonen-Gaby packt aus«. Er wird eingeleitet mit: »Wer ist eigentlich die Frau, die uns vor genau 20 Jahren als ›Zonen-Gaby‹ auf dem Titanic-Titel erfreute?« Man kann über diesen Vorspann einfach hinweglesen. Doch nach meiner Recherche für dieses Buch sticht das »uns« heraus: Wer ist mit »uns« gemeint? Die alte Bundesrepublik? Westdeutschland? Wer hat sich so darüber gefreut? Und freut sich heute noch, mehr als dreißig Jahre nach dem Fall der Mauer? Die Menschen aus der DDR? »Zonen-Gaby«, das zeigte sich schnell, wurde, genauso wie der Begriff »Zoni«, genutzt, um Menschen aus der ehemaligen DDR abzuwerten. Das Poster zum Titelbild der »Zonen-Gaby« kann man noch immer online kaufen. In den Produktdetails steht: »Schafft auch in Deinem Zimmer die wohnliche Atmosphäre gepflegter Zoni-Abneigung.«

Doch es gibt eine Chance auf Seiten der »Westdeutschen«, die Sorgen und Ungerechtigkeiten ernst zu nehmen – und ihnen zu begegnen. Dafür bedarf es des Wissens um die Geschichte und des Erkennens der eigenen Verantwortung. Wir müssen es besser machen als die vorherigen Generationen. Vor allem aber müssen wir diejenigen sehen und feiern, die das Wunder vollbracht haben, eine Diktatur friedlich zu überwinden. Es sind Held:innen.

»40 Jahre Teilung brauchen 40 Jahre Heilung«, schreibt die Aktivistin der Friedensbewegung und spätere Politikerin Marianne Birthler. »Im Sommer 1961 wurde unsere Welt von einem Tag auf den anderen sehr klein. Vom frühen Morgen des 13. August an wurden Straßen aufgerissen, Panzersperren errichtet, Bahnstrecken stillgelegt. Die SED ließ die Berliner Grenze abriegeln, über die in den letzten Jahren immer mehr Bürger aus der ganzen DDR in den Westen geflohen waren. Auf beiden Seiten der Grenze standen Menschen mit fassungslosen Gesichtern. Manche hielten ihre Kinder in die Höhe, winkten einander zu und weinten. Die in der DDR lebenden Deutschen waren zu Gefangenen geworden.«[60]

Es ist dieser erste Satz von Marianne Birthler, der neben all den Beschreibungen von gemeinsamer Geschichte, von Ungerechtigkeit, vom Gefühl des Menschen zweiter Klasse, von fehlender Repräsentation in Wirtschaft, Medien und Wissenschaft, hängen bleibt. Ein Satz, in dem wir alle Deutsche sind. Die Hoffnung liegt in der zukünftigen Generation. Mein Sohn, zehn Jahre alt, sagt, Dresden sei keine Stadt im Osten. Für ihn ist es eine Stadt mit alten Kirchen.

Doch eine Zwanzigjährige, die in Eisenach, Schwerin oder Leipzig aufgewachsen ist, macht heute immer noch Diskriminierungserfahrungen. Und Freiheit beginnt nun einmal da, wo Diskriminierung aufhört. Wir werden uns nicht versöhnen, wenn wir Westdeutschen die unbequemen Wahrheiten nicht benennen, die zwischen uns stehen. Und offen dafür sind, diese zu überwinden.

Es geht darum, die »Vielheit in der Einheit« zu akzeptieren, sagt Ilko-Sascha Kowalczuk. Denn eine vielfältige Gesellschaft war und ist in einer weißen, patriarchalen Struktur bisher nicht möglich gewesen. Das gilt für People of Colour genauso wie für Frauen, es gilt für Menschen mit Behinderungen, für Menschen der LGBTQ-Community oder eben Ostdeutsche. Und für viele andere, die nicht der Norm des männlichen Weißen entsprechen.

Jemanden spürbar ernst zu nehmen, das ist der erste Schritt, der Versöhnung möglich macht. Wir haben uns jahrzehntelang mit Klischees befeuert. Es wird Zeit, dass wir uns neu kennenlernen. Und uns mit einer Offenheit begegnen, die auch beinhaltet, dass wir vielleicht nicht viel voneinander wissen. Aber viel voneinander lernen können. Es gibt eine gemeinsame Erfahrung der Menschen, die in der DDR und derjenigen, die später in den neuen Bundesländern aufgewachsen sind. Und eine gemeinsame Erfahrung der Menschen, die im Westen aufgewachsen sind.

Die Bundesregierung reagiert auf die Ungleichheit zwischen Ost und West mit dem Bau eines Transformationszentrums. Das »Zukunftszentrum für Europäische Transformation und Deutsche Einheit« soll 2027 fertiggestellt werden. Die Idee des Zentrums geht auf die Empfehlung der »Kommission 30 Jahre Friedliche Revolution und Deutsche Einheit« zurück. Der frühere brandenburgische Ministerpräsident Matthias Platzeck, der zusammen mit dem ehemaligen Ostbeauftragten Marco Wanderwitz für die Ausgestaltung des Zentrums zuständig ist, weist darauf hin, dass es »immer noch Menschen im Osten, die sich nicht hinreichend angekommen oder angenommen fühlten«, gebe. Daher wünsche er sich, »dass wir aus diesem Identitätsgefühl, ein Gefühl des Stolzes, des Zupackens, des Mutes machen«. Wanderwitz ergänzt, dass die in einigen Teilen der ostdeutschen Bevölkerung vorhandene »kritisch-pessimistische Haltung zur parlamentarischen Demokratie und zur sozialen Marktwirtschaft« geändert werden kann.[61] Das Zentrum ist ein wichtiger – und nach über drei Jahrzehnten – überfälliger Schritt zur Aufarbeitung. Es ist aber nur ein Schritt von vielen. Klar ist: Nichts regelt sich von selbst. Zwei Generationen nach dem Mauerfall braucht es politischen und gesellschaftlichen Willen, um die Aufarbeitung voranzutreiben. Auf allen Ebenen. Und in allen Kanälen. Wenn das Oktoberfest es jedes Jahr in die Abendnachrichten der Öffentlich-Rechtlichen schafft, dann wäre es doch angemessen, in Zukunft auch das Leipziger Lichtfest am 9. Oktober alljährlich genau dort zu zeigen, um uns an die Friedliche Revolution zu erinnern.

Zu Beginn dieses Buches steht ein Zitat: »There is power in identity.« Es stammt von dem amerikanischen Bürgerrechtler und Anwalt Bryan Stevenson, einem der spannendsten und einflussreichen Aktivisten unserer Zeit. Er hat diesen Satz während seines TED-Vortrags im Jahr 2012 gesagt, der inzwischen von mehr als acht Millionen Menschen gesehen wurde: »Wir müssen über ein Unrecht sprechen«.[62] Stevenson ist Gründer der »Equal Justice Initiative«, einer NGO, die Inhaftierten Rechtsbeistand leistet, und hat viele Unschuldige vor der Todesstrafe bewahren können. Er ist auch Autor des Buches *Ohne Gnade*,[63] in dem er ein schonungsloses Bild der grausamen, rassistischen Justiz der USA zeichnet.

Vielleicht sind es seine Unnachgiebigkeit, seine sanfte Art, seine ruhige Stimme oder seine Fähigkeit, das Tragische so zu betrachten, dass Opfern in der Geschichte immer eine Würde bleibt, dass man Stevenson gerne zuhört. Er erzählt zu Beginn seines Vortrags von seiner Großmutter, der Matriarchin der Familie. »Sie war der Anfang und das Ende eines jeden Streits in unserer Familie«, sagt Stevenson und fährt fort, wie die Großmutter den jungen Stevenson bei der Hand nahm und sagte: »Bryan, ich werde dir etwas erzählen, aber du darfst es niemandem weitersagen.« Sie setzte sich und sagte: »Ich möchte, dass du weißt, dass ich dich beobachtet habe. Ich glaube, du bist etwas Besonderes. Ich glaube, du kannst alles tun, was du tun möchtest. Du musst mir nur drei Dinge versprechen, Bryan. Als

Erstes versprich mir, dass du deine Mama immer lieben wirst. Sie ist mein Baby und du musst mir versprechen, dass du dich um sie kümmerst.« Stevenson verehrte seine Mutter und sagte: »Ja, das werde ich tun.« »Zweitens, versprich mir«, fuhr die Großmutter fort, »dass du immer das Richtige tun wirst, auch dann, wenn es dir schwerfällt.« Stevenson überlegte kurz und antwortete ebenfalls: »Ja, das werde ich tun.« Schließlich sagte sie: »Als letztes musst du mir versprechen, dass du niemals Alkohol trinken wirst.« Gelächter im Publikum. Stevenson lächelt und sagt: »Nun ja, ich war neun Jahre alt und sagte: ›Ja, das verspreche ich.‹« Als er ein paar Jahre später mit seinem Bruder und seiner Schwester im Wald unterwegs ist, zögert Stevenson, als sein Bruder ihm ein Bier anbietet, das er dabeihat. Zu seiner Verwunderung starrt sein Bruder ihn an und sagt dann: »Du machst dich doch nicht immer noch verrückt wegen der Unterhaltung mit Oma!« Erneut Gelächter im Publikum. Stevenson lächelt: »Und mein Bruder erzählte: Oma erzählt doch jedem Enkel, dass er etwas Besonderes ist!« Noch lauteres Gelächter. Stevenson zuckt mit den Schultern, lacht. Dann sammelt er sich und sagt: »Ich bin 52 Jahre alt und ich gestehe, dass ich noch nie einen Tropfen Alkohol getrunken habe.« Das Publikum beginnt zu klatschen, doch Stevenson hebt die Hand, um den Beifall zu unterbinden: »Ich sage das nicht, weil ich glaube, dass es besonders tugendhaft ist. Ich sage das, weil Identität eine Macht hat.« Es liegt eine Kraft in dem, wie wir sind. Eine Kraft, die andere Menschen verändern kann. Stevenson sagt: »Wir können Menschen dazu bringen, Dinge zu tun, von denen sie dachten, sie könnten es nicht.« Was können wir tun, um uns neu zu begegnen, aufeinander zuzugehen?

Es gibt eine Geste, in der Zynismus keinen Platz hat. Die uns auf die Knie fallen lässt, die Hand reichen oder den Blick senken lässt. Es ist eine Geste, die, wenn sie ernst gemeint ist, ehrliches Mitgefühl verlangt: jemanden um Verzeihung bitten. Verantwortung zu übernehmen für das, was geschehen ist. Ich möchte mich entschuldigen für die Herablassungen, Diskriminierungen und das Ausgrenzen von Menschen mit ostdeutscher Biographie. Für meine eigenen Bewertungen, genauso für meine Versäumnisse, für das, was ich nicht sehen konnte oder wollte. Ich möchte mich entschuldigen für die Generation meiner Eltern und Großeltern, die über ihre Art des Erzählens Menschen bewerten, herabsetzen und diffamieren.

Entschuldigungen haben etwas Verletzliches an sich, für beide Seiten. Doch sie sind wertvoll, weil sie dem Gegenüber Anerkennung zollen. Gerade hier, bei dieser Art des kollektiven Mobbings, ist die glaubwürdige Entschuldigung und das Erklären der Tat und seiner Umstände von entscheidender Bedeutung, um Würde und Respekt wieder herzustellen. Dann kann ein »Opfer« die Verletzungen, die ihm zugefügt wurden, von seiner Person, seiner Identität, trennen. Ich glaube, das ist der wichtigste Schritt zu einer Gleichberechtigung, die es bislang nicht gibt.

Distanz ist übrigens in der Mathematik die kürzeste Verbindung zweier Punkte, die sich gegenüberstehen. Es liegt eine gewisse Hoffnung in dieser Definition, den geringen Abstand endlich aufheben zu können. Es macht etwas aus, wer ich bin. Es macht etwas aus, wer wir sind. Wer wollen wir also sein?

Das Jahr 1989
– die wichtigsten Ereignisse
in der DDR bis
zum Mauerfall[64]

1. Januar

In Leipzig wird die Demokratische Initiative gegründet.

11. Januar

In Ostberlin verlassen zwanzig ausreisewillige Ostdeutsche die Ständige Vertretung der Bundesrepublik in der DDR. Ihnen wurde zuvor Straffreiheit und die Überprüfung ihrer Ausreiseanträge zugesichert.

15. Januar

Rund fünfhundert Menschen demonstrieren in Leipzig im Rahmen eines Gedenkzuges für Rosa Luxemburg und Karl Liebknecht für die Demokratisierung der DDR. Bereits nach wenigen Hundert Metern wird der Zug gewaltsam aufgelöst und etwa fünfzig Teilnehmer:innen festgenommen. Daraufhin erhebt sich landesweiter Protest. Schließlich werden die Inhaftierten wieder freigelassen.

19. Januar
DDR-Staats- und Parteichef Erich Honecker versichert, die Mauer werde »noch in 50 und 100 Jahren« stehen.

6. Februar
Der zwanzigjährige Chris Gueffroy wird bei einem Fluchtversuch an der Berliner Mauer von Grenzsoldaten erschossen.

7. März
Winfried Freudenberg stürzt mit einem selbst gebauten Ballon bei seiner Flucht nach Westberlin tödlich ab.

19. März
Auf einem landesweiten Aktionstag bekunden verschiedene Oppositionsgruppen in der DDR ihre Solidarität mit dem in der ČSSR inhaftierten Dissidenten Václav Havel und weiteren Charta-77-Mitgliedern.

3. April
Der Schießbefehl an der innerdeutschen Grenze wird ausgesetzt.

7. Mai
Die DDR-Bürger:innen sind aufgerufen, zur Kommunalwahl die »Kandidaten der Nationalen Front« zu wählen. Ergebnis: 98,85 Prozent für die Nationale Front. Zum ersten Mal nehmen Bürgerrechtler:innen Kontrollen vor und machen diese Wahlfälschungen publik.

7. Mai
Am Abend demonstrieren auf dem Leipziger Markt etwa 1000 Menschen gegen die Manipulation der

Kommunalwahlergebnisse. Es kommt zu zahlreichen Festnahmen.

8. Mai

Etwa 550 Menschen versuchen im Anschluss an das Friedensgebet in Leipzig erneut gegen die Wahlfälschung zu demonstrieren; wieder kommt es zu Festnahmen.

15. Mai

150 Ausreisewillige demonstrieren in Leipzig für ihre Ausreise.

4. Juni

Blutige Niederschlagung der Studentenproteste auf dem Platz des Himmlischen Friedens in Peking. Auch in der DDR erklären sich Menschen in zahlreichen Protestaktionen solidarisch mit den chinesischen Oppositionellen.

8. Juni

Die DDR-Volkskammer bezeichnet das Massaker auf dem Pekinger Platz des himmlischen Friedens am 4. Juni als »Niederschlagung einer Konterrevolution«.

12.–15. Juni

Der russische Staatschef Michail Gorbatschow besucht die Bundesrepublik. In einer gemeinsamen Erklärung versichern beide Staaten, man wolle »zur Überwindung der Trennung Europas« beitragen.

27.–28. Juni

DDR-Staats- und Parteichef Erich Honecker besucht die Sowjetunion und wird von Michail Gorbatschow zu Reformen gedrängt.

1. Juli

DDR-Bürger:innen flüchten über Ungarn nach Österreich oder suchen Zuflucht in der Ständigen Vertretung der Bundesrepublik in Ostberlin und in den bundesdeutschen Botschaften in Budapest und Prag.

8. August

In Ostberlin muss die Ständige Vertretung der Bundesrepublik wegen Überfüllung vorübergehend geschlossen werden.

13. August

Die Bonner Botschaft in Budapest muss wegen Überfüllung geschlossen werden. Von dort wollen rund 180 Bürger:innen der DDR ausreisen.

25.–26. August

Die Initiative zur Gründung einer sozialdemokratischen Partei in der DDR wird von Markus Meckel auf einem Seminar vorgestellt.

4. September

In Leipzig findet die erste Montagsdemonstration im Anschluss an das traditionelle Friedensgebet in der Nikolaikirche statt. Es wird mehr Reisefreiheit und die Abschaffung des Ministeriums für Staatssicherheit gefordert. Von nun an finden wöchentlich Montagsdemonstrationen statt.

7. September

Auf dem Ostberliner Alexanderplatz wird gegen die Wahlfälschung bei den Kommunalwahlen vom 7. Mai protestiert. DDR-Sicherheitskräfte schreiten ein und nehmen etwa achtzig Personen vorübergehend fest.

12. September
Gründung der Initiative Demokratie Jetzt.

12.–13. September
Die DDR protestiert gegen die Öffnung der ungarischen Grenze für Bürger:innen der DDR und bezeichnet diese als »organisierten Menschenhandel«.

18. September
Rockmusiker:innen und Liedermacher:innen schließen sich in einer Resolution der Forderung des Neuen Forums nach einem Dialog im Land an. In Leipzig nehmen 1800 Menschen am Friedensgebet teil; 46 werden danach verhaftet.

19. September
Die westdeutsche Botschaft in Warschau muss wegen Überfüllung mit ausreisewilligen Bürger:innen der DDR den Publikumsverkehr vorübergehend einstellen.

21. September
Die Nachrichtenagentur der DDR, ADN, gibt bekannt, dass das Neue Forum nicht zugelassen wird: »Ziele und Anliegen der beantragten Vereinigung widersprechen der Verfassung der DDR und stellen eine staatsfeindliche Plattform dar.«

25. September
Tausende Menschen protestieren in Leipzig für mehr Reformen und gegen das Verbot des Neuen Forums. Die nächste Demonstration wird für den kommenden Montag verabredet.

30. September
Bundesaußenminister Hans-Dietrich Genscher verkündet den mittlerweile etwa 6000 Botschaftsflüchtlingen in Prag die Genehmigung ihrer Ausreise in die Bundesrepublik.

1. Oktober
In der Berliner Samariterkirche soll der Demokratische Aufbruch gegründet werden. Die etwa achtzig Teilnehmer:innen werden von Sicherheitskräften am Betreten der Kirche gehindert und treffen sich dann an zwei konspirativ verabredeten Orten.

1. Oktober
Aus den bundesdeutschen Botschaften in Prag und Warschau werden ca. 6000 Flüchtlinge in verriegelten Sonderzügen in die Bundesrepublik gefahren. Die Züge werden über DDR-Gebiet geleitet, wo Ausreisewillige aufzuspringen versuchen.

2. Oktober
Aus Protest gegen die Inhaftierungen von Demonstrant:innen der letzten Tage beginnt in der Ostberliner Gethsemanekirche eine Mahnwache. Die Kirche wird im Herbst 1989 zum Zentrum des Widerstands und zu einem Brennpunkt der Revolution.

2. Oktober
Etwa 20 000 Menschen nehmen an einer Protestdemonstration in Leipzig teil. Die Demonstration wird von DDR-Sicherheitsorganen gewaltsam aufgelöst.

4.–5. Oktober

Weiteren 7600 Bürger:innen in der Botschaft in Prag wird die Ausreise gestattet.

6. Oktober

Am Vorabend des 40. Jahrestags der DDR-Gründung findet in Ostberlin zum letzten Mal ein riesiger Fackelzug der FDJ statt. Schon einen Tag später demonstrieren Zehntausende in den Straßen Ostberlins, Leipzigs und in anderen Städten gegen den SED-Staat.

7. Oktober

Gründung der Sozialdemokratischen Partei (SDP) in Schwante bei Berlin.

8. Oktober

Gründung der Gruppe der 20 in Dresden. Sie führt die ersten Verhandlungen mit der Stadtverwaltung und der SED über eine Umgestaltung der Stadt und des Landes.

16. Oktober

In Leipzig versammeln sich 150 000 Menschen zur Montagsdemonstration. Die Sicherheitskräfte greifen nicht ein, obwohl die Niederschlagung vorbereitet ist.

18. Oktober

DDR-Staats- und Parteichef Erich Honecker tritt zurück. Sein Nachfolger als Generalsekretär des Zentralkomitees der SED wird Egon Krenz. Die Politbüromitglieder Günter Mittag und Joachim Herrmann werden aus ihren Ämtern entlassen.

23. Oktober

In Leipzig demonstrieren etwa 300 000 Menschen.

24. Oktober

Egon Krenz wird zum Vorsitzenden des Staatsrats und des Nationalen Sicherheitsrats gewählt. In Ostberlin sitzen erstmals Opposition und SED auf einem Podium: Markus Wolf, Stefan Heym, Christoph Hein, Bärbel Bohley. Das Fernsehen der DDR überträgt die Debatte.

27. Oktober

Der DDR-Staatsrat verkündet eine weitgehende Amnestie für Flüchtlinge und inhaftierte Teilnehmer:innen nichtgenehmigter Demonstrationen.

30. Oktober

In Leipzig demonstrieren mehr als 300 000 Menschen. Die Sendung *Der schwarze Kanal* des SED-Chef-Kommentators Karl-Eduard von Schnitzler wird nach fast dreißig Jahren aus dem Programm genommen.

2. November

Zahlreiche DDR-Funktionär:innen treten zurück, darunter der Chef des Freien Deutschen Gewerkschaftsbunds, Harry Tisch, und die Volksbildungsministerin Margot Honecker.

3. November

In einer Fernsehansprache kündigt Egon Krenz ein Aktionsprogramm zur Verwirklichung der »Wende« an – und den Rücktritt von Hermann Axen, Kurt Hager, Erich Mielke, Erich Mückenberger und Alfred Neumann aus dem Politbüro.

4. November

An der größten Protestdemonstration der DDR-Geschichte auf dem Berliner Alexanderplatz nehmen hunderttausende Menschen teil. Das DDR-Fernsehen überträgt die Veranstaltung direkt.

7. November

Der Ministerrat der DDR tritt zurück. Eine offizielle Untersuchungskommission zu den Übergriffen am 7. und 8. Oktober nimmt ihre Arbeit auf.

8. November

Rücktritt des SED-Politbüros. Das Neue Forum wird vom Innenministerium als Vereinigung registriert.

9. November

Fall der Berliner Mauer und Öffnung der Grenzen.

Danksagung

Ich bin vielen Menschen dankbar, ohne die es dieses Buch nicht geben würde. Mein Dank gilt Jan Abele, der als langjähriger Kollege und Freund bei diesem Buch immer an meiner Seite stand. Er war es, dem ich 2019 als Erstes von dem Thema erzählte und dessen Hilfe und Recherche dieses Buch vorangebracht haben. Ich danke Tom Müller, ohne den es das Buch tatsächlich nicht geben würde, seine verlegerische Entscheidung und klugen Rückfragen brachten mich erst auf den Weg. Ich danke Tom Kraushaar, der die Türen für dieses Buch öffnete. Ohne das wunderbare Lektorat von Julia Matthias wäre das Buch nicht das, was es heute ist. Ihre klugen Anmerkungen und ihre gelassene Art waren nicht nur eine große Hilfe, sondern auch eine große Freude. Was für ein Glück, dich dabei gehabt zu haben! Ich danke Ilko-Sascha Kowalczuk und Marcus Böick für die wunderbaren Gespräche. Ich danke Jessica Barthel für ihren Einblick in ihre Familiengeschichte und derer ihrer Autor:innen auf *Schwalbenjahre*. Mit der Journalistin Ulrike Wolf reden zu können, war ein großes Geschenk, danke für die Zeit. Ich danke Paul für seine Offenheit. Luca Schütze, der als studentischer Aktivist so viel bewegt hat, danke. Allen Gesprächspartner:innen, Instituten und Kolleg:innen, danke.

Literatur (Auswahl)

Marcus Böick: Die Treuhand. Idee – Praxis – Erfahrung 1990–1994, Suhrkamp Verlag 2020

Judith C. Enders, Raj Kollmorgen, Ilko-Sascha Kowalczuk (Hrsg.): Deutschland ist eins: vieles. Bilanz und Perspektive, Campus Verlag 2021

Ilko-Sascha Kowalczuk: Die Übernahme. Wie Ostdeutschland Teil der Bundesrepublik wurde, C. H. Beck Verlag 2019

Ilko-Sascha Kowalczuk, Frank Ebert, Holger Klick (Hrsg.): (Ost)Deutschlands Weg, Teil 1: 1989 bis heute – 45 Studien und Essays zur Lage des Landes, Bundeszentrale für politische Bildung 2021

Ilko-Sascha Kowalczuk, Frank Ebert, Holger Klick (Hrsg.): (Ost)Deutschlands Weg, Teil 2: Gegenwart und Zukunft – 35 weitere Studien, Prognosen und Interviews, Bundeszentrale für politische Bildung 2021

Daniela Krien: Irgendwann werden wir uns alles erzählen, Graf Verlag 2011

Christoph Links, Sybille Nitsche, Antje Raffelt (Hrsg.):

Das wunderbare Jahr der Anarchie. Von der Kraft des zivilen Ungehorsams 1989/90 Ch. Links Verlag 2009

Christoph Links, Hannes Bahrmann: Finale: Das letzte Jahr der DDR, Ch. Links Verlag 2019

Thomas Oberender: Empowerment Ost: Wie wir zusammen wachsen, Tropen Verlag 2020

Rebecca Pates, Maximilian Schochow (Hrsg.): Der »Ossi«, Mikropolitische Studien über einen symbolischen Ausländer, Springer Fachmedien 2013

Sabine Rennefanz: Eisenkinder: Die stille Wut der Wendegeneration, Luchterhand Literaturverlag 2013

Daniel Schreiber: Zuhause. Die Suche nach dem Ort, an dem wir leben wollen, Suhrkamp Verlag 2018

Bryan Stevenson: Ohne Gnade: Polizeigewalt und Justizwillkür in den USA, Piper Verlag 2015

Mandy Tröger: Pressefrühling und Profit. Wie westdeutsche Verlage 1989/1990 den Osten eroberten. Herbert von Halem Verlag 2019

Isabel Wilkerson: Caste. The Lies That Divide Us, Allen Lane 2020

Clemens Villinger, Kathrin Zöller und Kerstin Brückweh (Hrsg.): Die lange Geschichte der Wende, Geschichtswissenschaft im Dialog, Ch. Links Verlag 2020

Jan Wenzel (Hrsg.): Das Jahr 1990 freilegen, Spector Books OHG 2019

Anmerkungen

1 Prof. Dr. Sylvia Veit: Neue Eliten – etabliertes Personal? (Dis-)Kontinuitäten deutscher Ministerien in Systemtransformationen, Forschungsprojekt der Universität Kassel

2 https://www.bmwk.de/Redaktion/DE/Publikationen/ Studien/wahrnehmung-bewertung-der-arbeit-der-treuhandanstalt-lang.pdf?__blob=publicationFile &v=24; Andreas Malycha: Vom Hoffnungsträger zum Prügelknaben. Die Treuhandanstalt zwischen wirtschaftlichen Erwartungen und politischen Zwängen 1989–1994, Ch. Links Verlag 2022

3 https://www.bosch-stiftung.de/de/publikation/ zusammenhalt-vielfalt-das-vielfaltsbarometer-2019

4 Tagesschau vom 4. September 1989, https://www. youtube.com/watch?v=wFIQSS9YnnY

5 https://aufbruch-herbst89.de/portfolio-item/n13/

6 https://www.zeit.de/kultur/2022-01/der-palast-zdf-serie-ddr-familiendrama-rezension

7 Interview mit Ilko-Sascha Kowalczuk, 2021

8 https://www.faz.net/aktuell/wirtschaft/viele-

ostdeutsche-haben-sich-nicht-integriert-15225712.
html

9   Originaltext nicht mehr abrufbar.

10 https://www.zeit.de/2018/45/sophie-passmann-
komikerin-autorin-heimatliebe-ost-west

11 Marcus Böick: Die Treuhand. Idee – Praxis – Erfahrung 1990–1994, Suhrkamp Verlag 2020

12 Interview mit Marcus Böick, 2021

13 Peter Schwarz: Das Ende der DDR: Eine politische
Autopsie, S. 142

14 https://www.euractiv.de/section/wahlen-und-macht/
news/schamen-fur-die-zonis/

15 *Der Spiegel* 16/2019, https://www.spiegel.de/kultur/
ex-stern-chef-michael-juergs-ueber-krebserkran
kung-das-ist-ja-mein-leben-a-00000000-0002-00
01-0000-000163403910

16 https://www.sueddeutsche.de/politik/wiederver
einigung-mauerfall-linke-1.4669024

17 https://www.bundesregierung.de/breg-de/service/
bulletin/die-wirtschaftliche-lage-in-der-bundes
republik-deutschland-monatsbericht-november-
1989-782812

18 https://www.faz.net/aktuell/politik/fluthilfe-schill-
skandal-rede-im-bundestag-171576.html

19 https://taz.de/Professorin-ueber-Identitaeten/!5501987/

20 Rebecca Pates, Maximilian Schochow (Hrsg.): Der
»Ossi«, Mikropolitische Studien über einen symbolischen Ausländer, Springer Fachmedien, Wiesbaden
2013

21 https://www.boell.de/de/2018/12/21/boellthema-119-
   tickt-der-osten-wirklich-anders

22 https://www.boell.de/de/2018/12/27/der-aufbruch-
   der-ostdeutschen-hat-nie-das-ganze-land-erreicht

23 Gespräch mit Dunja Voss, 2022

24 https://www.jugendopposition.de/themen/herbst
   89/145463/gedaechtnisprotokolle

25 https://www.aerzteblatt.de/archiv/35537/Politische-
   Traumatisierung-in-der-DDR-Spaetfolgen-unueber
   sehbar

26 Liebknecht-Luxemburg-Demo 15.1.1989, https://
   www.archiv-buergerbewegung.de/themen-samm
   lung/liebknecht-luxemburg-demo-am-15-01-1989

27 https://www.faz.net/podcasts/f-a-z-podcast-fuer-
   deutschland/ostbeauftragter-ueber-afd-waehler-
   nach-30-jahren-nicht-in-der-demokratie-ange
   kommen-17363632.html

28 https://www.berliner-zeitung.de/politik-gesellschaft/
   die-thesen-des-ostbeauftragten-sind-falsch-und-
   irrefuehrend-li.161975?pid=true

29 https://www.faz.net/aktuell/politik/inland/walter-
   momper-ich-hatte-angst-vor-einem-blutbad-mitten-
   in-der-stadt-16462995.html

30 ebd.

31 https://taz.de/Identitaet-und-Demokratie/!5648
   690/

32 https://daserste.ndr.de/panorama/archiv/1999/
   Bittere-Bilanz-Forscher-wirft-Ostdeutschen-Faul
   heit-und-Raffgier-vor,erste7136.html

33 https://taz.de/Diskriminierung-von-
    Ostdeutschen/!5501994/

34 https://www.instagram.com/schwalbenjahre/?hl=de

35 Valerie Schönian: Ostbewusstsein: Warum Nachwen-
    dekinder für den Osten streiten und was das für die
    Deutsche Einheit bedeutet. Piper Verlag 2020

36 Isabel Wilkerson: Caste: The Lies That Divide Us,
    Allen Lane 2020

37 Oprah's Book Club: https://tv.apple.com/us/episode/
    caste-part-1/umc.cmc.1aqwzimtom423ri98e39xnne
    j?showId=umc.cmc.49yt85r70w6904u0177r694qy;
    https://tv.apple.com/us/episode/caste-part-2/umc.
    cmc.267phou3qmaaf9kxwzkah1oih?showId=umc.
    cmc.49yt85r70w6904u0177r694qy

38 https://arbeitsgericht-stuttgart.justiz-bw.de/pb/,Lde/
    3087620/?LISTPAGE=3087590

39 https://www.fr.de/panorama/mundlos-11369165.html

40 https://wirsindderosten.de

41 Interview mit Luca Schütze, 2001

42 https://www.spiegel.de/politik/du-passt-nicht-mehr-
    in-unser-weltbild-a-0518ffa2-0002-0001-0000-0000
    13679425

43 https://www.spiegel.de/politik/du-passt-nicht-mehr-
    in-unser-weltbild-a-0518ffa2-0002-0001-0000-0000
    13679425

44 https://www.bpb.de/themen/deutschlandarchiv/
    345600/verpasste-chancen/

45 https://reportage.mdr.de/wer-beherrscht-den-
    osten#4912

46 https://www.bpb.de/themen/medien-journalismus/
    medienpolitik/172174/systemwechsel-die-transfor
    mation-des-ddr-fernsehens-1989/

47 https://www.bpb.de/themen/deutschland
    archiv/507050/der-aufbau-des-oeffentlich-recht
    lichen-rundfunks-in-ostdeutschland/

48 https://www.sueddeutsche.de/leben/yougov-
    umfrage-die-1980er-als-sehnsuchtsort-1.3126734

49 Florian Illies: Generation Golf. Eine Inspektion,
    Fischer Verlag 2001

50 Doreen Singer: Nationale Identität als einzigartige
    Identitätsform, GRIN Verlag 2017

51 Johann Peter Eckermann: Gespräche mit Goethe,
    Suhrkamp Verlag 2019

52 James Hawes: Die kürzeste Geschichte Deutschlands,
    Ullstein Verlag 2019

53 https://www.sueddeutsche.de/politik/vergangen
    heitsbewaeltigung-oesterreichs-helden-oesterreichs-
    lumpen-1.4468399

54 https://www.deutschlandfunk.de/denk-ich-
    an-deutschland-robert-stadlober-dlf-5096e172-100.
    html

55 https://www.youtube.com/watch?v=s038_HxQMSI

56 https://www.bfs.de/SharedDocs/Pressemitteilungen/
    BfS/DE/2019/017.html

57 http://www.mad-magazin.de

58 https://www.bundesregierung.de/breg-de/service/
    bulletin/rede-von-bundeskanzlerin-dr-angela-
    merkel-1965628

59 https://www.welt.de/welt_print/politik/article
   4235636/Als-aus-der-DDR-die-DDR-wurde.html

60 Neue Zürcher Zeitung im April 2018

61 https://www.bundesregierung.de/breg-de/themen/
   deutsche-einheit/zukunft-deutsche-einheit-1930030

62 https://www.ted.com/talks/bryan_stevenson_we_
   need_to_talk_about_an_injustice

63 Bryan Stevenson: Ohne Gnade, Polizeigewalt und
   Justizwillkür in den USA. Piper Verlag 2015

64 Jugendopposition in der DDR (entstanden in Koope-
   ration der Bundeszentrale für politische Bildung und
   der Robert-Havemann-Gesellschaft e. V.): https://
   www.jugendopposition.de/chronik/1989.html